丛书编委会

总 策 划：来新国　王文成

编委会主任：郭齐勇　周晓亮

编　　　委：来新国　陈知涯　张　彧　尹格韬　沈　众
　　　　　　王文成　孟淑贤　周长志　罗养毅　秦　丹
　　　　　　乌　琛

大家精要
典藏版丛书

简读

谭嗣同

王儒年 著

陕西师范大学出版总社 西安

图书代号　SK24N1798

图书在版编目(CIP)数据

简读谭嗣同 / 王儒年著 . — 西安：陕西师范大学出版总社有限公司，2024.10
（大家精要：典藏版 / 郭齐勇，周晓亮主编）
ISBN 978-7-5695-4190-8

Ⅰ.①简… Ⅱ.①王… Ⅲ.①谭嗣同（1865-1898）—人物研究　Ⅳ.① B254.5

中国国家版本馆 CIP 数据核字（2024）第 027006 号

简读谭嗣同
JIAN DU TAN SITONG

王儒年　著

出 版 人	刘东风
策划编辑	刘　定　陈柳冬雪
责任编辑	高　歌
责任校对	焦　凌
封面设计	龚心宇　张潇伊
出版发行	陕西师范大学出版总社 （西安市长安南路 199 号　邮编 710062）
网　　址	http://www.snupg.com
印　　刷	深圳市福圣印刷有限公司
开　　本	889 mm×1194 mm　1/32
印　　张	6.25
插　　页	4
字　　数	100 千
版　　次	2024 年 10 月第 1 版
印　　次	2024 年 10 月第 1 次印刷
书　　号	ISBN 978-7-5695-4190-8
定　　价	49.00 元

读者购书、书店添货或发现印装质量问题，请与本公司营销部联系、调换。
电话：（029）85307864　85303629　　传真：（029）85303879

目录

第1章 不走寻常路 乱世造奇才
——谭嗣同的青少年时代 /001
生于乱世长在官家 /002
随父奔波和任侠思想的形成 /008
十年漫游 /016

第2章 兼采众长 .会通百家
——谭嗣同的求学和他的老师们 /021
谭嗣同儿时的两位老师 /022
对谭嗣同有重大影响的几位师长 /023

第3章 经国济世思想的表达
——在新旧知识中的艰难探索 /033
《治言》与谭嗣同的早期思想 /034
谭嗣襄与谭嗣同的天命观 /038

致力西学 /043

《石菊影庐笔识》与谭嗣同维新思想的萌芽 /047

甲午战争和公车上书 /052

谭嗣同维新思想的形成 /054

开办算学馆 /062

赈灾阻枀 /069

再一次漫游 /073

醉心佛学和谭嗣同的宗教观 /082

第 4 章　由保守到激进
　　——《仁学》及其思想内容 /089

《仁学》及其思想来源 /090

"冲决网罗"的主张 /096

《仁学》中的经济思想 /107

《仁学》中的哲学思想 /117

《仁学》中的佛教思想 /127

《仁学》的影响力 /134

第 5 章　坐而言不如起而行
　　——维新变法的具体实践 /138

穿梭在上海和南京之间 /139

弃官回乡 /144

在湖南的维新举措 /150

第 6 章 我不下地狱谁下地狱
——为变法而慷慨就义 /161

死神的召唤 /162

进京辅政 /169

夜访袁世凯 /177

我不下地狱谁下地狱 /181

附录 /185

年谱 /185

主要著作 /188

参考书目 /189

第1章

不走寻常路　乱世造奇才

——谭嗣同的青少年时代

光绪十年（1884）的一天，一个面目英俊、目光坚毅的二十岁书生与巡抚刘锦棠在新疆巡抚府邸畅谈，谈话的内容涉及政治、军事、边防和天下大势。当那书生离去的时候，身为巡抚，在近代史上以爱国、有见识而留下美名的刘锦棠不禁拍案赞叹，连称："奇才！奇才！"

那位被刘锦棠称为"奇才"的年少书生就是谭嗣同。他在戊戌变法中不避死难，从容就死，留下了流传千古之豪言："各国变法无不从流血而成，今中国未闻有为变法而死者，此国所以不昌也，有之，请自嗣同始。"

生于乱世长在官家

十九世纪五六十年代发生的太平天国运动和第二次鸦片战争，打乱了清朝原有的社会秩序，也扰乱了不同阶层的固有心理。清朝赖以生存的农村经济原本就十分落后，经过了连绵的战火之后更加萧条破败。广大农村到处是一片荒凉，饿殍遍野。生活在极度贫困中的百姓不满清廷的腐败统治，抗租、流亡、暴乱，反抗浪潮此起彼伏。在此过程中，不断涌入的西方新思潮侵蚀着中国固有的传统文化。社会的伦理观念和价值观念急遽发生变化。封建道德伦理已经束缚不住社会民众躁动的心。即便是在统治阶级内部，也有一批有识之士开始激烈批判旧有的传统和道德。守旧的地主和封建文人不停地惊呼哀叹"人心败坏""道德沦丧"。统治阶级内部也在发生着急剧的分化，一部分人守旧保守、顽固不化，一部分人因时变革、顺应潮流。为应对来自外国势力和下层民众的压力，维护清王朝的统治，曾国藩、李鸿章、左宗棠、张之洞等一批被称为洋务派的封建官僚利用手中的权力和个人的影响力，以"自强"和"求富"为口号，发起了洋务运动。

洋务运动的开展，带来了一种新的生产方式，并进而对社会观念产生了巨大的影响。洋务派自身虽然只是希望通过学习西方国家在军事武器和生产机器等器物层面的东西，从而尽力维持住旧有的封建制度和传统道德伦理，但紧闭的大门一旦打开，西方世界的实情便通过各种书籍、报章、传教士之口以及出使国外官吏等途径让国人窥见。一部分先进的中国人开始清醒地认识到，向来不被中国人看得起的西方国家较之中国，先进的不仅仅是他们的坚船利炮和隆隆的机器，在哲学、道德、法律、制度等方面也都有自己独到的地方，其先进是全方位的。中国要想改变落后挨打的局面，挽救亡国的危机，就必须通过各种途径了解西方，学习西方。而与此同时，一批愚昧守旧的中国人仍然对世界之形势懵懂不知，还沉睡在中国是天朝大国的梦幻之中。他们反对各种新鲜的事物，固守着中国旧有的传统观念不放。他们不敢面对中国已经落后于西方的现实，更不愿意也不能忍受向那些自己向来看不起的西方人学习。资本主义的生产模式和封建的经济秩序同时并存，变革旧有体制的新思想和固守祖宗之法的旧思想激烈交锋。这是一个混乱无序的时代，一个新旧交替的时代，一个死亡和重生机会并存的时代。谭嗣同就出生在这样一个动荡不安、纷乱不堪的时代。

谭嗣同祖籍湖南浏阳，父亲叫谭继洵。咸丰九年（1859），经过十年苦读的谭继洵在会试中中试，被赐进士出身。次年，谭继洵应殿试，被钦点为主事，补授户部主事钦加道衔，迁居北京宣武城南的嫡眠胡同（俗称"烂面胡同"），升任户部员外郎，官居四品，不久升为户部郎中。谭继洵由一名寒儒一变而为地位显赫的京官，谭家从此进入官宦家庭的行列。同治四年（1865），谭嗣同就出生在这个家庭中。当时谭家依然住烂面胡同。在此后的时间里，谭继洵不断得到升迁，官职越来越高，直至督抚级的一品大员。谭嗣同的早年一直生活在这个显赫的家庭中。

在谭嗣同出生的时候，谭家无论是地位还是人口，都是名副其实的大家庭。当时谭继洵已经四十二岁，已生有两男两女，这就是谭嗣同的大哥谭嗣贻、二哥谭嗣襄、大姐谭嗣怀、二姐谭嗣淑，而大姐谭嗣怀在嗣同出生前已经夭折。谭嗣同的母亲徐五缘这年三十七岁，是一位纯朴勤劳而又颇能持家的妇女。

谭继洵如愿考中进士并被授予官职后，谭家的处境有了很大的改变，衣食不愁，钱财无忧。但谭嗣同的母亲并未因为丈夫的发迹而改变勤劳纯朴的习惯，仍旧如以前一样节俭朴素，昼夜劳作。在饮食方面，每餐只有三四道菜，而且都是蔬菜，很少有鱼肉。在穿着方面，极为朴素，衣裳穿破了，补一补继续穿。谭嗣同曾回忆自己的母亲说，自他记事开始，就看到母亲时常穿一件丝麻的衣服，衣服多处开裂，能够看到麻从开裂处漏出,但他的母亲仍然不舍得丢弃。至于劳作方面,她更是里里外外一把好手,劳作不辍。曾有一位和谭家住得很近的私塾先生,每每夜里醒来,总能听到纺车的轧轧声,就问谭嗣同他家的哪位用人如此勤劳,彻夜纺作。谭嗣同恭敬地告诉那位先生,劳作的人就是他的母亲。

谭嗣同的母亲对自己子女的管教非常严格。子女的事情无论大小,都亲自过问且非常仔细,而她自己更是严于律己,从不懈怠。按照谭嗣同的说法,他的母亲在他们面前从来都是正襟危坐,不苟言笑,仪态威严。当他们犯有过失的时候,母亲从不姑息,必定会对他们严厉责备和处罚。有了母亲在做人做事方面的言传身教,谭嗣同虽然生在官宦之家,却少有富家子弟的纨绔之气,有的倒是倔强、坚强、豪放和自立。

在谭继洵成为清王朝官僚机构中一员的时候,徐五缘却因为自己的长期操劳而变得面容憔悴、手脚粗糙。勤劳俭朴得只穿旧衣服的她在丈夫的眼中显得寒酸、土气,她已经不能满足进士及第后高官得做的谭继洵在官场上的虚荣心,而严谨正统、不苟言笑的做派也让谭继洵觉得她一点情趣都没有。于是,谭继洵做官不久,在1863年,纳了一房年轻貌美、能说会道的小妾——天津蓟县的卢氏,这就是谭继洵的大姨太。1872年,谭继洵又娶了四川女子张氏为二姨太。

卢氏的到来搅乱了谭家和谐平静的生活。因为年轻貌美又能说会道，卢氏深得谭继洵的欢心。就在谭嗣同出生前后，卢氏也为谭继洵生了两个女儿，分别是谭嗣莴和谭嗣嘉。依仗谭继洵的宠爱，卢氏在谭家其他人面前有些恃宠骄纵，飞扬跋扈。只是，嗣同的母亲虽然已讨不到谭继洵的欢心，但她勤劳俭朴、严谨持家，又身为正室夫人，陪同谭继洵度过的那些艰难岁月成为她在家中地位的支撑。谭继洵即便偏袒爱妾，却也不能对自己的结发妻子过分苛求。双方各持不同的资本，互相争夺，各不相让，谭家的家庭气氛颇带些火药味。谭嗣同正是在这样的氛围中成长，并能够感受到家庭中不和谐的气氛。不过有着母亲的呵护，相对温和的父亲的宽容，加上哥哥姐姐的疼爱，幼年的谭嗣同还是能够在家庭生活中获得不少快乐。

同治十年（1871），七岁的谭嗣同经受了第一次与母亲的离别之苦。那一年，谭嗣同的大哥谭嗣贻年满二十岁，奉父母之命完婚，由其母带领回到湖南浏阳。年仅七岁的谭嗣同把母亲送至卢沟桥，洒泪道别。

母亲的离去让年幼的谭嗣同必须单独面对谭家一直以来妻妾不和的矛盾所造成的境遇。母亲和长兄离开以后，谭嗣同失去了保护伞，向来不喜欢他的庶母便会自觉不自觉地将自己对嗣同母亲的嫉妒、不满和愤怒等各种情绪直接发泄到谭嗣同的身上，这使得聪明、敏感而又倔强的谭嗣同的身心受到很大摧残。此后很长一段时间里，谭嗣同在家中沉默寡言，每日渴望着母亲回来，以致思念成疾，卧床不起。

与母亲和哥哥的这次分别，让年幼的谭嗣同在内心深处感受到家人的重要。割不断的血脉，阻不断的亲情维系着人与人之间最牢固的关系。母亲羽翼般的庇护和无微不至的关爱，哥哥姐姐们发乎自然天性的照顾和帮助，父亲虽谈不上宠爱但还算慈祥的宽容，是家庭幸福的源泉。幸福感让谭嗣同对自己的亲人产生出无限的依恋。但是一场遍及整个京城的瘟疫却几乎让谭嗣同失去所有的亲人。

1876年春天，白喉瘟疫在北京肆虐，夺人命无数。谭嗣同一家在这次瘟疫中惨遭劫难。母亲徐五缘、大哥谭嗣贻、二姐谭嗣淑均被感染，在五天的时间里相继离开了人世。谭嗣同本人也未能幸免，只是他的命更大一些，在被感染昏死了三天之后，竟然奇迹般地活转回来。谭继洵虽幸免于难，但家庭遭此劫难，自是不胜悲戚。谭嗣同大难不死，令谭继洵悲喜交加，为谭嗣同在"壮飞"之外又取了"复生"的字，这既是谭继洵一种内心安慰的流露，也表达了对这一奇迹的庆幸心理。

徐五缘死后，卢氏升为正室，成了谭嗣同的继母。这位长期以来和谭嗣同的母亲争斗不断的女人，把以前的妒恨一股脑发泄到了前室孩子们的身上。她不仅对谭嗣同刻薄敌视，还不断在谭继洵的耳边说谭嗣同的坏话，让谭继洵这位还算宽容的父亲也渐渐失去了对谭嗣同的好感。

谭嗣同虽然出生在官宦之家，但他幼年的家庭生活却没有一般人想象的那么简单。他没有因为家境的富裕而沾染浮夸之气，也没有因为生在官家，生活就充满了欢乐。谭嗣同的童年是在快乐和痛苦、幸福和迷茫、依恋和孤独的矛盾中度过的。而能够给谭嗣同留下记忆的，是亲人去世的巨大灾难、从未停止过的家庭矛盾，以及自身遭受到的歧视。谭嗣同后来记述自己这段生活时说，"自少及壮，遍遭伦常之厄，涵泳其苦"。这样的童年给了谭嗣同一种特殊的感受，引发了他对于生命和人生的思考，也让他有机会来思考家庭、亲情和伦理的关系。

随父奔波和任侠思想的形成

谭继洵的官运不错，官职不断升迁，四处任职。谭嗣同也就随着父亲一直不停地奔波。

光绪元年（1875），谭继洵被任命为通州监督坐粮厅，也就是验收漕粮、催督转运等事务的主管。谭嗣同随父亲来到通州，之后经常在北京和通州之间往返。此时的谭嗣同年仅十一岁。

光绪三年（1877），谭继洵升任甘肃巩秦阶道，加授二品衔。次年夏，谭嗣同随同父亲从湖南前往甘肃。此次旅程艰难漫长。他们从浏阳坐船至长沙再到汉阳，从汉阳转往襄阳，从襄阳登陆入函谷关，经潼关到达陕西，从夏至秋，历时近三个月。因沿途闹饥荒，又遇暑热瘟疫，再加上旅途奔波劳累，随同的幕僚有两人死亡，而随从下人更有十多人丧生。这次艰辛的历程磨炼了谭嗣同的意志，同时也让他了解到沿途的风土人情，体验到民间的疾苦。光绪六年（1880），谭嗣同又随父从秦州回到家乡浏阳，再一次体验到沿途广大农村的萧条残破。

次年，谭继洵升任甘肃布政使，为夸耀自身的地位，他重修了布政使署，取名"憩园"。谭嗣同于光绪八年（1882）春天又从湖南来到甘肃，居住于憩园，一时意兴勃发，在憩园中各处厅榭都贴上自己所写的楹联。

在此期间，谭嗣同继续研读经书。此时的谭嗣同正青春年少、意气风发，《墨子》中的任侠思想，《庄子》中那扶摇直上九万里的自由思想和击水三千、遨游霄汉的雄伟气魄更是激起了谭嗣同的冲天豪气。一批同来的伙伴如二哥谭嗣襄、表兄徐蓉侠、从侄傅简等个个年少气盛，豪气干云。洒脱不羁的谭嗣同时常与他们戏谑斗酒，谈古论今、针砭时弊，抒经邦之豪情，发治国之宏愿。他们也时常在长城内外奔逐驰骋。有时并辔到山谷中，有时更私自出塞到大漠之中纵情奔驰一番。他们也曾遇到过西北风骤发，一时间飞沙走石，打在身上、脸上犹如被强弩射中般疼痛。有时也在马嘶、驼嗷、雁鸣、狼嚎声里挺立苍茫，四顾悠然。还有些时候，他们骑上骏马，带上弓箭，引领百十名健壮汉子同少数民族人民在旷野里大声疾驰，追逐猛兽。到了晚上，就在沙漠上支起帐篷，横七竖八地倒地休憩，口渴了就舀一勺黄羊血或在地上抓一把雪解渴。或者在帐篷里拨琵琶、弹琴筝，引吭高歌，欢呼达旦。更有一次，谭嗣同在严冬大雪中独自驰骋于峰峦叠谷人迹罕至的地方，七天七夜，行程一千六百余里。等回到兰州的时候，屁股和大腿内侧已被磨得血肉模糊，裤子上血迹斑斑，而谭嗣同却若无其事。

这个时期的谭嗣同，在豪迈浪漫中多少带有一些贵家子弟放浪形骸的轻狂，傲慢无忌中多少带有一些肤浅轻薄。但毫无疑问，大漠的空旷，开阔了他的胸襟。大漠的风沙，雕琢了他豪放的气质和性格。大漠的艰苦，磨炼了他坚强的意志。

谭嗣同在大漠中表现出来的豪放和坚强毫无疑问同西北辽阔的环境以及强悍的民风有关，也同谭嗣同早期接触到的侠义之士以及对他们行为的认可和羡慕有关。他佩服那些不受各种权力、世俗、道德、秩序甚至时间和空间限制束缚的侠义之士，能够按照自己的是非标准行侠仗义，去努力实现民众心目中的公正。他在内心深处也渴望着自己能够在超越地域和年代的时空中，锄强扶弱，快意恩仇，伸张人间正义。他的内心冲动和对侠义行为的价值判断在辽阔的环境和强悍的民风中逐渐形成了任侠思想。

谭嗣同从小就爱动不爱静，他和自己的二哥谭嗣襄都对武术有着浓厚的兴趣。事实上，谭嗣同的祖上是以武功而闻名于世的。《谭氏家谱》中记载，明朝的二百多年间，谭氏家族武功卓著，因武功而被封侯、封伯的共有十人之多。先祖们的赫赫武功及各种英雄事迹总被谭氏后人津津乐道。到清代以后，居住于湖南浏阳梅花巷的谭嗣同家族这一支才开始了由武向文的转向。谭嗣同和哥哥谭嗣襄时常从父辈那里听到祖上的赫赫武功，深为他们感到骄傲。

还在北京读书的时候，兄弟二人时常外出游逛，结交各类人物。在此过程中，谭嗣同结识了通臂拳师胡七和大刀王五，这两位武功高强的江湖人物，成为谭嗣同亦师亦友的至交，他们不仅教授谭嗣同武术，还对他的思想产生了重要的影响。

在胡七和王五之间，谭嗣同与王五的交往更近也更频繁。因为最初谭嗣同结识胡七后，准备跟随他学习双刀，但胡七认为，双刀不如单刀好，单刀容易学也容易学精，而且单刀的用处比双刀多，又便于携带，就把谭嗣同介绍给了擅长单刀的王五。

王五原名王正谊，字子斌，华北一带有名的侠客，擅长单刀。由于家境贫苦，无以为生，流落到河北、河南、甘肃、陕西一带，依靠高强的武功出没绿林，专抢贪官污吏和为富不仁者，将抢来的财物分送给饥寒交迫的民众，百姓都称他为"义侠"。后来王五落脚北京，开设源顺镖局，以保镖为业。因为武功高强又侠名远播，各路绿林好汉都敬重王五，故而所有运往京城的物品，只要插上源顺镖局写有"王"字的镖旗，即便扔在旷野，也不会遭到劫盗。那时王五的神通很大，势力遍及南至清江浦北到山海关的广大区域。

同大刀王五交往的过程中，谭嗣同不仅跟随王五学习技击之术，还时常听王五给他讲述绿林掌故以及自己冒险的经历。对于王五所从事的锄强扶弱的活动，谭嗣同十分钦佩。他在给王五的《赠舞人诗》中写道："二十年来好身手，于今侠气总萌动。终葵（即钟馗）入道首殊钝，浑脱观君剑落花。"充分肯定了王五的侠义行为并对其高超的武艺钦羡不已。在二十多年的时间里，谭嗣同这个官宦子弟一直与被很多士大夫所不齿的绿林出身的王五保持着密切的关系。

王五的行为和观念可以说在很大程度上影响了谭嗣同。但倘若只是从王五那些耳听口传的经历中就完全确立起任侠精神也许还不够,是谭嗣同自己的亲眼所见和亲身经历以及先贤们的任侠学说,才让谭嗣同产生了根深蒂固的任侠思想。

就在随同父亲谭继洵从湖南前往秦州的过程中,谭嗣同亲身感受到了任侠行为的有效性和重要性。1878年的夏天,谭继洵带着谭嗣同和一众幕僚赴甘肃上任,沿途经过了灾荒深重瘟疫流行的河南、陕西境内,随行的幕僚和仆役十余人死去,谭继洵也染上了重病,倘若得不到药物的及时救治,很可能也会命丧黄泉。此时一位名叫刘云田的幕客义无反顾地站了出来,他在深夜踏过死尸遍地、漆黑恐怖的荒野,为谭继洵买回了药物。在此过程中,刘云田几乎是手脚并用,以手代目,摸索爬行着完成了十余里的路程,回来的时候,他的衣裤鞋袜被鲜血浸透,浑身上下血痕累累。他的忠义和勇气体现出了一种士为知己者死的侠义情怀,刘云田因此受到谭嗣同的尊重和钦佩,两人成为非常投缘的朋友。

此后的一段时间里,谭嗣同亲眼看到广大灾区民众的悲惨凄苦。灾荒发生,饿殍遍地,瘟疫肆虐,尸骨布道,这样的情景让谭嗣同深感悲哀,也加深了他对那些只知搜刮、不顾民众死活的朝廷官吏的痛恨。他努力地去寻求一种救世的办法，而更多的时候心中涌起的是一种无奈。

光绪九年（1883）春，谭嗣同在他父亲的官邸憩园中研读《墨子》，对墨翟的为人和思想都产生了极大的兴趣。墨子观念中的"崇勇尚武"思想在谭嗣同的内心深处引起了强烈的共鸣。

在墨家与儒家思想中，有一个很大的不同是有关君子观的差异。儒家提倡和塑造的是谦谦君子，而墨子眼中的君子则是英勇尚武的威武君子。墨子在他的《经上》中对"勇"和"任"都给出了解释，认为"勇"就是人要有敢于作为的意志，而"任"就是宁肯损伤自己也要有益于自己认为应该做的事。墨子和他的门下都是敢作敢为，能够为自己认为正义的事业赴汤蹈火、万死不辞的人。鲁迅就说过，孔子之徒为儒，墨子之徒为侠。在古代典籍中，就记载了墨子的许多门徒为了义气和承诺而甘愿牺牲的事迹。如在《吕氏春秋》中就记载了墨子的门徒孟胜与阳城君约定，答应为阳城君守城。后来，阳城君因为内部的叛乱而下落不明，楚国大军又在此时来攻城，孟胜等面临着寡不敌众的困境。许多人建议孟胜弃城逃走，认为拼死守城对于下落不明的阳城君已经没有意义。但孟胜坚持认为，他们一帮人和阳城君之间有着很好的关系，已经答应了为他守城，倘若没有战死就失了城池，就是失了信义。失了信义，也就失去了存在的价值。最后孟胜和他的一百八十三名同门一起慷慨赴义，英勇战死。

墨家的思想、学说显然非常符合谭嗣同的胃口，而墨家门徒们的行为更让他大为钦佩。他认为，若一时找不到其他的办法来改变社会，那么就不如按照任侠的要求去做，这样也可以伸张民气，养成侠义勇敢的风气，这样的话任侠也不失为一种拨乱反正的手段。

事实上，谭嗣同在对墨家思想进行了深入研究之后，给予其很高的评价，认为墨子的学问能将儒家的学术与西方基督教的学说融会贯通，有机联系在一起。谭嗣同在研究墨子的过程中，按照自己的理解将墨家分为两派：其一为"任侠"，谭嗣同称之为"仁"；其二为"格致"，谭嗣同称之为"学"。后来谭嗣同将自己写成的最重要的著作取名《仁学》，正是他对墨家学派极为推崇的表现。

谭嗣同不仅在思想上崇尚任侠，在自己的行为中，也实践着任侠精神。平日里谭嗣同一直坚持练功习武，以此来强健自己的体魄，淬炼自己的勇气。谭嗣同的老师欧阳中鹄的孙子欧阳予倩在回忆谭嗣同时说过："他于文事之暇，喜欢技击，会骑马，会舞剑。我曾见他蹲在地上，叫两个人紧握他的辫根，一翻身站起来，那两个人都跌一跤。"更为重要的是，在谭嗣同的任侠思想中，含有强烈的献身精神，他时刻准备着为自己认为应该做的事情去牺牲。戊戌变法中，谭嗣同拒绝潜逃，从容就死，部分原因是受到任侠思想的影响。他觉得变法是值得用鲜血和生命去努力的事情。

十年漫游

光绪十年，经过了长期的酝酿，清政府在新疆设立行省。刘锦棠因为在收复新疆过程中屡立战功，而且善后工作卓有成效，所以新疆设立行省，他顺理成章地被任命为第一任甘肃新疆巡抚。此时年方二十的谭嗣同离开了家，来到甘肃新疆巡抚刘锦棠的幕府任职。刘锦棠通过与谭嗣同的交流和接触，对谭嗣同非常赏识，准备将他推荐给朝廷。遗憾的是刘锦棠此后不久为了赡养父母而辞去官职，推荐的事遂被搁置。

有了自己的工作，脱离了家庭的羁绊，好动不好静的谭嗣同一边读书，一边开始了长达十年的漫游生活。在艰苦漫长而又充满浪漫色彩的漫游中，谭嗣同的足迹遍及长城内外、大江南北和黄河上下，往来于新疆、甘肃、陕西、直隶、河南、湖南、湖北、江西、江苏、安徽、浙江、山东等十几个省份，走过了八万多里的路程。

按照谭嗣同自己的说法，他十年漫游的目的是赴南北各省参加考试。其实这不过是应对父亲的期望和要求的托词。

事实上，谭嗣同对科举考试并不热心。很早的时候谭嗣同对枯燥无味的四书五经就缺乏兴趣。那时老师逼他读这些和科举有关的书籍时，他极为不满地在书上写了"岂有此理"的话以示反抗。后虽在父亲和老师的监督下勉强用功，但时时跳出与科举考试相关的科目，研读各种与科举考试无关的杂书。

谭嗣同在漫游的过程中，他的父亲谭继洵不断地催促他参加各省的科举考试。谭嗣同虽极不情愿，但一来不能违拗父亲的命令，二来当时的读书人能走的道路也只有科举入仕一途，故而谭嗣同虽不热心，还是于光绪十一年（1885）至光绪十九（1893）年间，先后在甘肃、湖南、湖北、北京等地参加过六次省试，令谭嗣同极为郁闷的是六次考试都名落孙山。由于连续的考试花费了大量的精力和时间，同时受限于父亲不能远游的命令，谭嗣同的漫游未能如自己设想的那样"尽四方之志"，这多少让谭嗣同有些遗憾，但十年的漫游还是让谭嗣同大受裨益。

谭嗣同在十年的漫游中，领略了祖国壮美的山河，这激起了谭嗣同强烈的爱国之心。为表达对祖国山河的热爱，他写下了许多赞美壮丽山河的诗句。

如在游览崆峒山时，看到崆峒山上的奇石怪松和漫山的桃花，他写下诗句："松孥霄汉来龙斗，石负苔衣挟兽奔。

四望桃花红满谷，不应仍问武陵源。"

途经陕甘大地，雨后的关中平原清奇空新，翠绿的植被和热闹的蛙声，让谭嗣同忍不住写下："百里平原经雨绿，两行高柳束青天。蛙声鸟语随鞭影，水态山容足性灵。"

看到冬天夕阳下辽阔无垠的西北沙漠，一条天际而来的黄河贯通千里，这一空远辽阔的自然景色将人显得极为渺小，却能让人的心胸无限宽阔。谭嗣同用"远天连雪暗，落日入沙黄。石立人形瘦，河流衣带长"的诗句描绘了这如梦如画的景色。

在经过雄伟壮观的秦岭时，眼见漫山遍野梨花怒放，农家小院隐于果林之中，谭嗣同更是写下了引人入胜的诗句："绿雨笼烟山四围，水田千顷画僧衣。我来亦有家园感，一岭梨花似雪飞。"

谭嗣同在游洞庭，过平津，回湖南，逛武汉，经陇山时，都写下了或气势磅礴或清新委婉的诗句。

十年的漫游，让谭嗣同领略了祖国的大好河山，心情也豁然开朗起来。但他同时目睹了中国社会底层民众的困苦生活，了解到广大民众的疾苦，认识到中国社会的真实情况。

谭嗣同十年漫游时期，正是西方列强加紧在政治、军事尤其是经济方面对中国侵略之时。军事上，英国对我国的边疆云南和西藏进行了侵略，法国因为侵犯越南进而挑起了中法战争，沙皇俄国则对我国的西北边疆进行广泛的侵扰；经济上，西方资本主义国家通过不平等条约中攫取的各种特权，不断扩大商品输出和资本输出，加紧对中国广大地区的掠夺，进一步瓦解了中国的自然经济，导致中国广大的农村更加破败；文化上，西方资本主义国家通过向中国派遣大批的传教士，在中国境内建立教堂，发展教民，霸占田产，欺压乡民，包揽词讼，干预内政，同时为其本国提供各种情报，进行奴化宣传。所有这一切，更让中国社会破败不堪。而此时的清王朝，不顾人民的死活，还在不断地增加各种赋税，搜刮民脂民膏。广大的民众生活在水深火热之中，一旦遭遇自然灾害，就难以维持生计，要么落难逃荒，要么揭竿起义。

此后在一次同自己的老师欧阳中鹄的通信中，谭嗣同向欧阳中鹄讲述了他在天津附近看到的流民的状况。讲到一批遭遇水灾的难民在河堤上支起芦席为屋。那屋极为狭小，看上去就如柜子一般大小。成千上万的难民个个面带菜色，骨瘦如柴。他还说，能够逃到那里的民众已经算是幸运的了。因为顺天直隶的水灾，十余年来未尝中断，而夏天永定河又决堤。河道壅塞，出海口被阻塞，有的只是水害而绝无水利。而此时清政府的高官大吏不顾民众的生死，决计不去疏浚河道海口，还大言不惭地讲："这是天生奇险以卫京师，让外国人的兵舰无法驶入内河。"但广大的灾民却即将变为鱼鳖了。

通过对底层社会的了解，谭嗣同能够体会到民间的疾苦，更能够了解到清政府官吏的昏庸腐败，从而加深了他对清王朝的不满。此时的谭嗣同开始怀疑自己曾经许之为经世之学的学问，并进而思考什么样的学问才是真正的经世学问，怎样才能让中国走向富强，让广大的民众免受灾荒之苦。

最后也是最为重要的一点是，通过十年的漫游，谭嗣同跟从许多老师，学到了渊博的知识，接触到深刻的思想，与此同时结识了许多朋友。他跟随那些有名望、有思想的老师研读各类书籍，探讨各种学问；同他的那些朋友一起从事自己认为可以经世救国的事业。

第 2 章

兼采众长　会通百家

——谭嗣同的求学和他的老师们

谭嗣同生活的年代,是一个新旧交替的时代,旧有的知识和新来的西学对人们的知识结构和学术体系造成了巨大的冲撞,进而影响到人们的思想观念。有些人固守着儒学传统,继续在汉学和理学的两个分支中皓首穷经;有些人在研究儒学的时候,借鉴诸子百家的学说,希望在儒学传统中开出新的学问来;还有一些人看到西学的优点和用途,努力在自己的学术中融入西方学说,希望将中学和西学有机地结合起来。谭嗣同如饥似渴地吸收各种知识和各种思想,希望能够在众多的知识和思想中,找到经国济世的学问,实现自己的志向。在他短暂的一生中,师从了无数老师,接触到各种各样的知识和学问，努力做到兼采众长，会通百家。

谭嗣同儿时的两位老师

同治八年（1869），四岁的谭嗣同开始与他大哥谭嗣贻、二哥谭嗣襄一同读书。那时他们的老师是毕莼斋。这位屡次考进士不中的长沙举人是谭继洵的朋友，喜欢读"有用之书"，对勾股和大小算法等数学问题很有兴趣。他还常常登高原，察地理，观天文，也喜欢中国绘画，是一位知识渊博、兴趣广泛的人。但因为谭嗣同年龄太小，他对谭嗣同的影响并不大。

同治十一年（1872），七岁的谭嗣同又同两位哥哥一同就学于北京宣武城南，老师是大兴人韩荪农。有关韩荪农的情况不甚了了，谭嗣同似乎对他也没有太多的印象。他只记得他所就学的城南学堂位于极荒凉的地方。按照谭嗣同的描绘，城南学堂在一条巷子中，只有两三间房屋，而巷子中并没有人居住。学堂的后面是一片荒野，那是一片坟场墓地。南面一片洼地，周围数十里内都是麦田和芦苇荡。满眼望去，一片苍翠，不时有雁群飞过，留下一两声雁鸣。在学堂附近有很多名胜，如龙泉寺、龙爪槐、陶然亭、瑶台枣林等。这是一个远离尘嚣读书求学的绝佳场所。谭嗣同在这里与两位兄长刻苦用功。经常是"兄弟共案，厉呼愤读，力竭声嘶"，很多时候读哑了喉咙。读书之余，谭嗣同时常和两位兄长一同游玩四周之名胜。大哥谭嗣贻年岁较长，身体健壮，每每出游，谭嗣同等常跟不上长兄，不得不叫嚷着让大哥等他，有时还耍赖让哥哥背他。二哥谭嗣襄喜欢探险，山丘、沼泽、树林，他都喜欢去走一走，探一探。谭嗣同年龄虽小，对于二哥的探险活动也总是执意参加。

在城南与两位兄长一同求学于韩荪农的那段时光是谭嗣同一生中最美好的时光。在这段时间里，不仅刻苦用功增长了谭嗣同的知识，两位兄长不时地带他游玩，更让他获得了很多的快乐。与此同时，身处坟场墓地，经历了时时听到鬼哭狼嚎般野兽叫声的恐惧，有老师和哥哥们的鼓励和安慰，让谭嗣同的胆量得到了锻炼。这都对谭嗣同在以后遇到困境时能够达到无牵挂、无恐惧的境界起到了帮助。

对谭嗣同有重大影响的几位师长

瓣姜先生欧阳中鹄

同治十三年（1874），谭继洵的好友、浏阳著名的学者欧阳中鹄来到北京，寄住在谭嗣同的家中——浏阳会馆。

欧阳中鹄，字品三，号节吾，湖南浏阳人，与谭家关系一直很密切。谭嗣同的母亲去世，其墓志铭就是由欧阳中鹄撰写的。在墓志铭中，欧阳中鹄称颂徐五缘恭俭诚朴，有古贤女之风。欧阳中鹄在湖南素有名望。十八岁时，他成为县学的生员，二十四岁时，与湖南善化的皮锡瑞、巴陵县的吴獬及宁乡的程颂藩一同被遴选为拔贡（**指被挑选出来送往国子监读书的人，这样的名额一州或一县只有一名**），因为欧阳中鹄、皮锡瑞、吴獬、程颂藩都是当时湖南的名士，一起被遴选为拔贡之事，一时传为美谈。就在这一年，欧阳中鹄考中举人。第二年来到北京，参加进士科考试，没有考取。就是在这个时间，他受好友谭继洵的延聘，成了谭嗣同的老师。

欧阳中鹄有着深厚的儒学功底，对多种学问都有所研究，信奉儒家之学，尤其推崇王船山（王夫之）。他认为在当时的儒家诸子中，能够承继儒学衣钵的除了朱熹之外，就只有王船山了。他说王船山的学说，常能使人惊心动魄，若芒刺在背，不敢不有所忌惮。王船山的言论和学问，能够起到匡扶人心、救治时弊、教化世人的作用。出于对王船山的崇拜，欧阳中鹄按照王船山的号——姜斋——而自号瓣姜，寓意瓣香姜斋，欧阳中鹄以后竟以瓣姜先生在学界出名。

在学术上，欧阳中鹄坚持广采博取的主张，反对学术界的门户之见。对于当时流行的宋学和汉学的做法和主张，都有所批评，认为搞汉学的人，过于注重琐碎的细节，缺乏整体和系统，不能探究抽象的道理，而宋学则过于抽象空洞，不注重具体问题，以至于把学问做得玄而又玄，最终导致空洞无物。他提出做学问应该打破门户之见，集众长之长，才能使学问由小至大，达到一种较高的境界。

在文学上，欧阳中鹄反对为作文而作文，认为人们从事文学的目的是文以载道。为文章而文章背离了作文的根本目的，是一种舍本逐末的做法。所以桐城学派虽然在清代文坛上极具影响，但它强行规定了诸多的规范，制定了太多的文法，过于强调形式，自立门户以区别于其他流派，实质上是背离了文以载道的根本，欧阳中鹄对此提出了严厉的批评。

欧阳中鹄生活在清王朝危机四伏的同治、光绪年间，亲眼看到国家日趋没落，世道人心如江河日下，这使他充满了深切的爱国忧世之情。他同自己的好友刘人熙、涂启先等人一直在寻求救世良方。他认为只有读经重礼，才能挽救颓废的人心，澄清污浊的社会。因此，欧阳中鹄在讲求学问方面，强调学以致用，反对虚空浮夸的空谈。他推崇湖南的曾国藩和胡林翼等人，认为他们能够将自己的学问切实地运用到现实之中，不仅自身有着很高的道德修养，又能为社会作出切实的事业。无奈欧阳中鹄在科举中屡试不第，始终没能通过清王朝的进士科考试,所以仕途阻塞,无法实现自己经国济世的抱负,只能在其他官员的幕府中做幕僚,一直都只是一个七品官衔。

卑微的地位妨碍了他实现其经邦治国的抱负,没有气馁的欧阳中鹄将自己的志向转到培养人才上面,希望通过自己的教导,造就国家需要的人才来贡献社会,故而在教授弟子方面,欧阳中鹄非常用心。他在教导谭嗣同等弟子的时候,强调立身的重要性,认为人的根本在于自立,在于培养自己独立的个性,在弘扬个性的同时,弥补自身的不足。要培养自己高尚的品行,注意自己的言行,不能随波逐流,沾染当时社会上阿谀奉承、尔虞我诈的习气。

谭嗣同作为欧阳中鹄最得意的弟子之一,在很长一段时间里对欧阳中鹄非常崇拜。自己有了什么想法总是同欧阳中鹄交流,有什么困难总是向他求教,有了读书心得总是向他汇报,师生间长期保持着频繁的通信关系。谭嗣同受到欧阳中鹄的影响也是深刻的。欧阳中鹄经世致用、博采众长的治学思想成为以后谭嗣同从多种学术中汲取营养,致力于实践的信念支持。而时常在讲学中引证王船山的言论,不断用王船山、文天祥的故事激励自己弟子的欧阳中鹄,让谭嗣同对王船山产生了浓厚的兴趣,为以后谭嗣同研读王船山的作品,研究王船山的学问,并以王船山的气节激励自己奠定了基础。

大围山人涂启先

光绪五年（1879）秋，谭嗣同在父亲的安排下，在浏阳拜在涂启先的门下钻研中国古代文化典籍。

涂启先，字舜臣，出生在浏阳大围山。大围山地处荒僻之所，远离县城，与外界沟通不便，颇有世外桃源的感觉。城里人都耻笑大围山人孤陋寡闻，缺少见识，但涂启先认为，大围山民风淳朴，性格耿直，有唐魏遗风，所以他在大围山兴建大围书院，自号大围山人，以示对世俗的蔑视。

涂启先是一位真正将自己的学问运用到实践中的学者。他主张治学应当躬行实践，反对只务空言不务实行的口头理学。认为求学问道的目的不是要创立什么门派，独树一帜。做学问只应该以躬身力行为要务。他切身感受到科举制度的弊端，认为科举制度到清朝的时候已经彻底败坏，它让成千上万的学子只知道追求华丽的辞章，热衷于空洞玄虚的文章，实质上却是所学非所用，所用非所学，国家虽然每年从科举考试中选拔了无数的读书人，但其中并没有真正有益于社会、有益于国家的有用人才。对于那时盛行的汉学，涂启先也提出了自己的批评，认为八股之学导致了天下无才的局面，而汉学却引导天下有才的人将才能用错了地方。

涂启先不仅提出力行的主张，还切实将自己的主张付诸实践。他生活的浏阳东乡，民风强悍，好勇斗狠，且懒惰成性、游手好闲、滋事生非的人不在少数。为安定乡里秩序，维持乡里的正常生活，涂启先的父亲就组织起团练。涂启先继承父亲的事业，管理浏阳东乡团练事务。为办好乡团，造福家乡，涂启先首先从端正自己的品行做起。他勤奋俭朴，廉洁公正，一心一意为民办事，除自己教书应得的报酬以外，从不通过乡团获取一分钱的好处。他的洁身自好、公正廉洁和一心为公为他在乡里赢得了"圣人"的称号。

涂启先教授谭嗣同的过程中，一方面要求谭嗣同用心攻读儒家经典，认为儒家的四书五经是寻求做人和治国之道的阶梯和途径，没有这些经典，就无法找到修身、齐家、治国、平天下的方法和道路。与一般学者不同的是，涂启先教授儒家经典的过程中，不拘泥于理学大师朱熹注释的限制，而是广征博引，尤其推崇清代著名学者阮元和焦循关于经世致用的务实精神，讲究学问应该能够结合现实，解决现实中的具体问题。另一方面，涂启先要求谭嗣同放开眼界去关心和了解天下大事。他认为所有天下大事都是学者应该关心的，因为四书五经不可能包罗万象，如古今兴衰治乱、是非得失、礼乐更替、制度变迁，甚至天文地理等方面的变化，四书五经等儒家经典都没有涉及。只有时时关心国家大事，才能将自己的所学与社会需求结合起来，做到学以致用，让自己的学问发挥作用。

涂启先的学问观点和具体实践，对谭嗣同有着重要的影响。他的"坐而言不如起而行"的主张和做法，深深影响着谭嗣同，让谭嗣同在求学的同时不断关注社会现实，并不断尝试用自己的所学去解决现实中的具体问题。他在以后的变法维新活动中，能够成为一个既注重理论宣传，又积极实践的行动者，同涂启先对他的影响是分不开的。

蔚庐先生刘人熙

光绪十五年（1889），谭嗣同赴京考试失败后，遇到了著名学者刘人熙，因仰慕其才学，谭嗣同拜他为师，跟随他钻研学问。

刘人熙，字艮生，号蔚庐，也是浏阳知名的学者，同欧阳中鹄、涂启先合称"浏阳三先生"。刘人熙十八岁时补县学生，二十三岁在湖南乡试中取得解元（乡试第一名），从那时起，他的文章就很有名。光绪三年，三十三岁的刘人熙考取进士，文章、道德更加被人称道。

由于刘人熙接触过各种各样的学问，并且对各种学问的弊端和谬误有着自己的见解，所以他在治学的时候，非常重视区分正统和异端。他认为，自孔孟以来，出现了诸子百家各种持有不同观点的学说，其中只有儒学是正统，而其他学说都属异端。因为除儒学之外的三教九流以及陆九渊、王阳明的心学等，都与圣人之道背道而驰。他们中卑下的人沉溺于功利之中，而高尚的人又崇尚虚无，所以都是不可取的。只有儒家学问由孔孟传到程朱，属于正统的圣人之道，是人们安身立命的根本。虽然在清代，程朱理学受到各种各样的批判和非难而摇摇欲坠，但刘人熙在固守程朱理学方面异常坚决，俨然以程朱理学的后继者自命。

同欧阳中鹄一样，在对待儒学的态度上，刘人熙特别推崇王船山，认为王船山直接继承了孔孟的衣钵，集程朱理学之大成，在儒学史上，是仅次于孟子、周敦颐的重要人物。他声称自己对王船山非常景仰，自己虽不能达到王船山学问的高度，但心向往之。故而在教授谭嗣同的时候，总是不断地引证王船山，并反复地介绍王船山的著作和思想。这让本就对王船山学问和为人非常景仰的谭嗣同更坚定了研究王船山的信心和决心。师从刘人熙之后，谭嗣同购买了全套的《船山遗书》，一本一本仔细研读，系统地研究王船山的思想，并在哲学观念上成为王船山的信徒。

刘人熙熟读经史，博览群书，加上用力研究过老庄和佛教的学问，也研究过陆九渊、王阳明的心学，所以能够对各种学说进行比较，指出各类学问的优点和缺陷。这对谭嗣同后来知识的积累和思想来源的驳杂产生了明显的影响。不过，刘人熙死守儒家孔孟之学，将其他学问统统斥为异端，又在很大程度上限制了自己的思想。他不能明白儒家孔孟之学问，在近代中国面临着重大社会危机的时候，是不能找到解决社会危机、国家危机、民族危机的办法的，而他一味地将自己禁锢在儒家学说中，努力在儒学中寻求挽救危机的方法，就让他更显得保守。他提出的诸多解决中国问题的办法，在今天看来是非常愚昧的。谭嗣同在作《治言》的时候，思想也是非常保守的，这在很大程度上是受了刘人熙的影响。

在刘人熙看来，中国的传统文化在本质上优胜于西方近代文明，在政治制度、伦理道德等方面都比西方优越。中国是礼仪之邦，伦理道德就如同无形的战船和武器。中国应该用自己的伦理道德去改变西方，绝不能向西方学习，导致夷夏不分，甚至以夷变夏，败坏中国的伦理道德和社会风气。他一再强调，中国要想抵御外夷的侵略，除了使用孔孟之道外，别无他法。刘人熙将自己的主张概括为：今天的中国还是过去的中国，今天的外夷情况还是原来外夷的情况。中国的立国之道，仍然是了解夷狄之情并驾驭之。方法可以不断变通，但根本不可改变，只要中国的孔孟之道得到延续和发扬，则中国可以永远立于不败之地。他的这些言论就如同当年反对洋务运动的守旧派官僚一样。由此可见,刘人熙的思想已经落后了不止一个时代。但就是这些极为陈旧的观点,仍然对比较年轻而且还没有接触太多西学的谭嗣同产生了重要的影响。在中西关系以及中西优劣之比较方面,谭嗣同在作《仁学》之前的作品中,其论调几乎同刘人熙如出一辙,甚至在论述这方面问题时,谭嗣同都照搬照抄刘人熙的词句,可见其影响之深,唯一不同的地方,就是谭嗣同能够承认西方科学技术的先进及其在现实中的作用。

第3章

经国济世思想的表达

——在新旧知识中的艰难探索

谭嗣同在早期的求学中,深受今文经学经世致用思想的影响。十年漫游中接触到的社会问题,让谭嗣同产生了强烈的现实关怀,总希望能将自己所学的知识运用到解决社会问题的实践中。他不断地探求真正能够经国济世的学问,尝试着从自己的知识中提炼出一套解决社会问题的方案,并努力将这些方案运用到具体的实践中。通过撰写文章,他提出自己的救世主张,并在不断吸收新知识的过程中,完善着自己的主张。

《治言》与谭嗣同的早期思想

谭嗣同是一个喜欢与人辩论，又喜欢发表言论的人，所以每有想法，时常通过通信、日记、小册子等方式进行表达。《治言》就是谭嗣同早期表达思想的一本小册子。

《治言》写于光绪十五年，约四千字，是谭嗣同二十五岁时的作品。此时的谭嗣同在思想上受欧阳中鹄和刘人熙的影响，还未受到新思潮的洗礼，所以他的观念也未能跳出儒家伦理道德的窠臼。谭嗣同后来评价说，《治言》是自己最年轻时的作品，而自己那时对于中外形势、是非得失还缺乏了解，不能客观地认识西方，完全是感情用事，妄发议论，一味地抬高中国的文化，贬低西方国家，因而里面大都是些迂腐虚骄的言论。

事实上，《治言》反映了谭嗣同那时的世界观以及对中外形势的看法，是他多年来"修身、齐家、治国、平天下"的政治抱负的具体化。其中既包含了圣人之道永远不能改变的守旧的一面，也流露出"势所必变"，学习西方军事技术的进步的一面。它是当时社会上较为盛行的洋务思想的一种反映。

在《治言》中，谭嗣同承认中国的世道发生了巨大的变化，但他认为圣人之道永远不能变。他把中国历史的发展分为三个阶段：夏、商、周时期的"道道之世"，秦以后的"法道之世"，鸦片战争之后的"市道之世"。道道之世，就是实行王道之治，通过个人高尚的道德进行国家的治理。在这样的统治下，民众信奉的是一种以"仁""义"等为核心内容的道德，发自内心地拥护统治者。法道之世，就是实行法道之治，通过严格的法律和巧妙的统治手段进行国家的治理，这样的时期也称霸道时期。在这样的统治下，民众出于对严厉的法律制裁的恐惧而不得不屈服于统治者。市道之世，就是实行中外互通的统治时期，民众开始注重物质利益，将对于道德的信奉转移到对于功利的追求。这是谭嗣同所说的世道的三次变化。谭嗣同同时认为，世界的文化也是发展变化的，而文化的演变也可以分为"忠""质""文"三个时期。中国当时是"文胜质不存"，西方文化则仅至"质"的阶段。因为"文"尚浮华而过于虚空，"质"重视实际却没有高远，所以西方各国在科学技术和经济生产方面能够崛起并不断强大，中国则日渐没落，致使在对外的战争中屡屡失败，不得不对西方国家妥协投降。但是谭嗣同认为，事物是循环往复、不断变化的。文化会在"忠""质""文"之间来回转变，而不是一直就是一种性质，所以一种文化不管处在什么阶段，都不是固定不变的，总会从一种阶段发展变化到另一种阶段，物极则必反。中外文化的差异，仅仅是因为各自发展转换到了不同的时期。

谭嗣同论证了社会是在变化的。这同当时的许多不承认任何变化，因而也就不需要进行社会变革的顽固派有着根本的区别。不过，谭嗣同用循环往复论来解释社会变化发展不仅显得勉强，而且是错误的。至于他强调"变"主要在于改变人心，而不必要在器物和制度层面进行变革，这一论调正是他的老师刘人熙的观点，也充分反映出谭嗣同此时思想的局限性和狭隘性。谭嗣同说在变革方面只要能够做到对民众"正心诚意"，那么国家就能够由乱而治。因为圣人说过，"意诚而心正，心正而身修，身修而家齐，家齐而国治，国治而天下平"。这还是宣扬儒家学说的正统观点，还是试图将自己从众多老师那里接受的儒家治世药方运用到现实中去的表现。

谭嗣同在《治言》中坚持认为，中国在道德伦理、政治制度方面都超出西方，所以西方各国仍然处于"夷狄"状态，而中国则早已进入礼仪之邦。他的这一夜郎自大的论调，显然是秉承了刘人熙的观点，将中国看成是"天朝大国"。不过，谭嗣同与刘人熙不同的是，他承认西方各国在物质层面上比中国富强，而西方在"测算、制造"等方面都远远高出中国，中国应该在这些方面学习西方。他用赞美的语言描述西方各国"出一令而举国奉之若神明,立一法而举国循之若准绳,君与民而相联若项领,名与实而相副若形影"。相反,中国的情形则是上下欺瞒,得过且过,半死不活,官吏心中只有自己,没有社会责任。只要灾难不落到自己的头上,只要上天保佑他自己,那么,对于中国社会的危机和灾难,就袖手旁观,无动于衷,甚至幸灾乐祸。正是这样两种不同的情形,导致了中国对西方各国的关系上,无论是战是和还是守,都处于极为不利的局面,都无法实现自己的意愿。谭嗣同对当时清政府一些昏聩无能的官员非常痛恨,悲愤地指出:"庸医不杀人,能致人不生不死之间。庸臣不亡国,能致国于不存不亡以不安。"

谭嗣同在他的《治言》中,看到了世界形势的发展变化,承认西方社会在很多方面优于中国,指出了中国社会所面临的诸多问题,尤其是对清政府官吏的批评更是一针见血。谭嗣同认识到对中国现状进行变革的必要性,也承认社会总是要处在变化之中。不过,对于中国封建社会的根本——传统文化支撑下的政治制度和伦理道德,则认为是万世不变,不能变也不需要变的。

《治言》是一篇有关变与不变的矛盾集合体,是谭嗣同宣传儒家文化中的"修身、齐家、治国、平天下",把西方先进的军事技术用于维持和巩固封建政权,维持社会秩序的文章。书中表现出的谭嗣同的思想，残留着封建士大夫用儒家学说来拯救危机的思想痕迹，整体上没有超出洋务派"中学为体、西学为用"的主张和思想范畴，体现出谭嗣同这一时期思想的保守性。

谭嗣襄与谭嗣同的天命观

光绪十五年，谭嗣同再一次科举考试落第，心情极为烦闷。恰在此时，从台湾传来了二哥谭嗣襄去世的噩耗。这突然的噩耗痛击在谭嗣同的心上，让他顿时不省人事。待他醒转过来，立即放声大哭，此时的谭嗣同已经形如枯槁。按照谭嗣同自己的说法，他那时看上去就像一个五六岁的孩童，幼弱不堪。

谭嗣同自小就喜欢自己的二哥。他的大哥谭嗣贻比他大十三岁，为人沉稳持重，谭嗣同对他的态度就如同对待父亲一般，有的是敬重少的是交流，相互之间没有嬉戏调侃，没有毫无顾忌的亲昵。二哥则不同，谭嗣襄自幼顽皮，时常带着谭嗣同登高爬低，冒险游戏，偶尔搞一搞恶作剧。嗣同与二哥每日里形影不离，他在二哥面前可以撒泼放肆，无拘无束，寻找那种自我娇惯的弟弟的感觉。

光绪二年（1876），谭嗣同的家庭遭遇劫难，母亲、大哥和二姐相继病故，此后的谭嗣同在继母的歧视和父亲的冷落下，悲苦不堪，二哥就成了唯一能够给他心灵慰藉的人。此后一段时间里，谭嗣同与二哥相依为命，一起学习，一起生活，甚至一起去参加科举考试。光绪十五年，谭嗣同在北京应试落第，准备返回兰州，而此时的谭嗣襄正准备去台湾应差，兄弟二人依约相见于汉口。

原来，谭嗣襄在光绪十四年（1888）科举失意后，发愤出游。那时台湾巡抚刘铭传在平定台湾后，决心改弦易辙，整治台湾，正积极地选拔人才。与一般清廷官吏不同，刘铭传在选取人才方面有自己独到的见解。他认为在新的时期应该有新的选才标准，科举选拔出来的那些做八股文出身的人，过去只读四书五经，缺乏经世致用的才能，不堪重用，只有打破科名资历的限制，唯才是举，不计功名、门第、地域，才能选拔到具有真才实学的有用之人。谭嗣襄的二姐夫唐景崧那时做台湾道，他通过台湾布政使沈应奎向刘铭传推荐了谭嗣襄。

在汉口和自己的哥哥道别，谭嗣同既为二哥高兴，自己心中又充满了伤感，所以谭嗣同为他二哥所写的诗歌，有的充满豪情，满是对未来的憧憬，如他在船上写道："白浪船头聒旱雷，逆风犹自片帆开。他年击楫浑间事，曾向中流炼胆来。"有的则表达了深沉的离别愁绪和对兄长的依依不舍，如他在《寄仲兄台湾》中这样写道："燕燕归飞影不双，秋心零落倚船窗。波声和梦初离枕，山色迎人欲渡江。泪到思亲难辨点，诗因久客渐无腔。填胸孤愤谁堪语，呜咽寒流石自淙。"

谭嗣襄到达台湾后，经由唐景崧的好友沈应奎的引见，见到了刘铭传，这位求贤若渴的巡抚与谭嗣襄谈得十分投机，认定谭嗣襄是不同寻常的人才，便委任他为凤山县盐务官。当时台湾的盐务系统贪污成风，腐败不堪。谭嗣襄到任后，严约章、杜侵蚀、亲会计、勤考核，在很短的时间里，革除了旧弊，杜绝了诸多不正之风，赢得了刘铭传的赏识。但因为触动了一部分人的切身利益，谭嗣襄也受到了诽谤和排挤，职位一再变更，处境极为艰难。郁闷苦恼的谭嗣襄不幸患上寒疾，继而一病不起，不久去世。

获知二哥去世的消息，谭嗣同痛哭之后，怀着巨大的悲哀，立即带上侄儿谭传简去台湾为谭嗣襄料理丧事。在回来的途中，被风暴所困，精神受到重大打击的谭嗣同于云水茫茫中仿佛看见二哥的灵魂时隐时现，引发了他对生命的重新思考，也让他的生活基调蒙上了低沉忧郁的色调。

事实上，谭嗣同的童年生活早早地就给他的生活奠定了一种低沉忧郁的基调。所以他很早就称自己是一个"忧伤之中的人"。1876年的那一次家庭灾难在他幼小的心灵上留下很深的烙印。他的许多诗歌都充满着苍然之感。1882年，谭嗣同回到浏阳老家，回忆起儿时与自己的哥哥姐姐一起生活玩耍，母亲忙碌家务的情景，一种悲伤涌上心头，为此写下了诗歌《到家二篇》："孤岭破烟石经微，湾头细雨鸥鹚飞。有人日暮倚门望，应念归人归未归！""别来三见流火星，秋风猿鹤哀前汀。谁知骨肉半人鬼，唯有乱山终古青！"二哥的死进一步加深了谭嗣同内心深处的悲凉和苍然感，感悟到生与死的无常和由此带来的无奈，再也无法化解笼罩在自己生命中的忧伤和凝结在自己心灵中的苍然。从台湾回来的途中，他在船上一遍一遍默默地念诵《南华经》中的词句，感悟到庄子"方生方死，方死方生"所包含的哲理。回到故土的谭嗣同在很长的时间里仍然不能对二哥的死释怀，为此他写了《古离别》，称"浮生莫远离，远离不如死。死时犹得执手啼，远离徒为耳。……"

就在谭嗣同还没有从二哥之死中恢复过来的时候，平素与谭嗣同非常亲近的侄儿谭传简又在二哥去世不到一年的时候离开了人世。这重新揭开了谭嗣同内心深处的伤痛，让母亲的死、大哥的死、二姐的死、二哥的死、侄子的死这一连串的死亡在他的脑海中一幕幕地重放，让他的心灵受到连续不断的撞击。他思念自己的亲人，悲伤一阵阵侵袭着他，他不能自已地写下了《湘痕词八篇》。在这些诗词中，他表达了对已逝亲人的刻骨的思念，同时也掺杂着对生死的迷惑和追问：何为生？何为死？生，对死者来说是永远地消失，对生者来说，生又是什么呢？是等死或者是还没有仓促地死去？没有仓促死去的人难道就没有死吗？没有仓促死去并不意味着不死。今天的我虽然活着，但昨天的我已经死了。到明天，今天的我又会死去。人从一生下来就开始了死，死并不一定要闭眼断气，生与死在不断地转换，生生不息，从没有停止过。

对生死的迷惑和追问进一步引发了谭嗣同对生命意义的追问：既然所有的人不管是穷困潦倒还是功德圆满，最终都逃不过死亡的命运，都要消失在神秘的"幽宫"中，归于阴暗的坟墓，那么人活在世界上究竟有什么意义呢？

这样的追问让谭嗣同的内心不断地挣扎，不断地去寻求生命的意义。幸运的是谭嗣同没有从"人注定要死"的命题中走向消极，反而激发了他不断地追求真理。他认为，天地始终没有终结，而人只有短短的一生，倘若个人不能在这短短的一生中，按照自己的意愿去实现自己的抱负，岂不是太可惜了？应该去行动，应该去实现自己的抱负，这就是谭嗣同认定的生命的意义，也是谭嗣同此后不管面对怎样的困难都能够为自己的抱负执着追求、不懈努力的内在动力。

致力西学

光绪十九年，谭嗣同由武昌出发赶赴北京，途经上海的时候意外地遇到了英国传教士傅兰雅，这成为谭嗣同接触西学的契机。

傅兰雅是当时在中国很有影响的英国传教士。他在1861年就来到中国传教。为了传教的便利，他精心研究中国的传统文化，不遗余力地考察中国各地的风土人情，向中国知识分子传授西学知识。此时的中国，正是洋务派试图通过学习西方的科学技术来挽救清王朝摇摇欲坠的统治而大办洋务的时期，西学知识和西学人才非常稀缺。傅兰雅的博学和传播西学的热情，让他成为颇受欢迎的人。同治二年（1863），洋务派的重要代表之一恭亲王奕䜣，聘请傅兰雅为北京同文馆英文总教习。同治四年（1865），李鸿章又聘请他前往上海江南制造总局负责那里的翻译馆。此后二十多年的时间里，傅兰雅一直在该翻译馆从事译书工作。由于傅兰雅通晓欧美社会的整体发展状况，对中国社会的风土人情又有着深刻的了解，尤其了解中国青年知识分子的心理，所以他在工作中，能够与一批中国知识分子保持良好的工作关系和一定的私人友谊。像后来在中国颇具影响的化学家徐寿、数学家华蘅芳、思想家王韬，都同他保持着密切的往来。

傅兰雅结识谭嗣同后，向谭嗣同介绍了西方各国近况，并向他展示了翻译馆翻译的各种书籍，如《西国近事汇编》《环游地球新录》《几何原本》《格致汇编》等等，建议谭嗣同阅读这些书籍。

离开上海到达北京后，谭嗣同结识了四川达县人吴樵（字铁樵），两人一见如故，很快成为知心好友，并相互订交，结为兄弟。吴樵学识过人，精通各门学问，尤其精于算学、几何，对于西方国家的格致学也很有研究。尤其难能可贵的是，吴樵不仅学识过人，相貌奇伟，还多智谋，善决断，遇到疑难问题总能够处理得当。谭嗣同对吴樵非常推崇，为自己能结识这样一位才学卓群的知己而高兴。他在后来所写的《吴樵传》中，极力称颂吴樵的才学、相貌、智谋、能力和坦诚。此后的一段时间里，谭嗣同和吴樵几乎是形影不离。谭嗣同甚至还在此期间去拜访了吴樵的父亲吴季清，并以父礼对待吴季清。可惜的是，在光绪二十三年（1897），正当维新运动不断高涨的时候，吴樵因病去世，未能为戊戌变法出力。

与吴樵的交往，进一步激起了谭嗣同对自然科学的兴趣。离开北京后，他购买了大量由广学会、江南制造局翻译馆翻译的自然科学、西国史地和政治书籍，如饥似渴地学习，试图在那些新奇、实用的书籍中寻找到有效的经世致用的道理和方法。

谭嗣同接触西学，相较于同时代先进知识分子而言是很滞后的。且不论洋务运动中的一批早期改良思想家王韬、郑观应、马建中、薛福成、陈炽、胡礼垣等都已经有各种西学著作发表，即便是同后来与他一起进行变法的康有为、梁启超等相比，他也落后了很多。不过谭嗣同却能后来居上，成为一个在西学上既有深刻研究，又具有自己独立想法的人物。

谭嗣同在攻读西学的过程中，不仅异常用功，还有自己的一套研究方法。他在刻苦攻读时，善于将西学论著与中国古典论述相互印证，并力所能及地亲自进行实践。如在研究《格致汇编》中有关透镜的原理时，谭嗣同找来了沈括的《梦溪笔谈》、何燕泉的《余冬叙录》《中州集》等书进行比较验证，并找到透镜亲自观察。在研究地球是否是椭圆形的问题时，他找来《周髀算经》《大戴礼记》等进行对照。为弄清地球等五大行星绕太阳运行的原理，他找来《易经》《尚书》《春秋》《周礼》《河图》等书籍作参考。在他学习《几何原本》中关于三角形的论述时，亲自画图作题并加以论证后，才肯相信。而当看到西书上把正方形体之物都归结为"人力所造"的结论后,他找来了甘肃花马池的盐根,指出这种天然所生的盐根都是等边直角,六面立方形体,印证西书上结论之错误。他在认真地研究了陨石原理后指出,陨石并不是行星,而是天空中飞行的石头,当这种飞行的石头与地球上的空气摩擦时,发出光芒,看上去就如同星星一般。他甚至还在研究的基础上给光、声等下了定义。所有这些行为都表现了谭嗣同好追问、不盲从、善思考的品质。

由于时代的限制,谭嗣同所学习和研究的西方科学是粗浅的、片面的,很多时候还得出错误的结论。但值得注意的是,通过对西学的学习研究,谭嗣同一方面找到了一个了解西方、研究西方的窗口和途径,同时也从诸多的自然科学知识中汲取了辩证法的思想,为他丰富和变更固有的思想提供了方法论。正如康有为、梁启超的变法思想很大程度上受到西学影响一样,谭嗣同后来的变法思想的源泉,也有很大一部分来自他的西学知识和西学思维。他在研读了一段时间的西学后,就得出结论说,西方国家之所以日益强盛,中国日益衰弱,其根本在于西方国家能够利用科学技术不断变通,而中国固守圣人之言,拒绝变革。在以后谭嗣同的言论和著作中,我们能够很明显地感受到他的思想受到西学影响的痕迹。

《石菊影庐笔识》与谭嗣同维新思想的萌芽

光绪二十一年(1895),谭嗣同将自己二十四岁到三十岁之间读书和思考的札记汇集成《石菊影庐笔识》,算是对这段时间的学识和思想进行了一次总结,也算是准备告别过去,迎接新时代的到来。

石菊影庐是谭嗣同在湖南老家的书房。湖南浏阳一带盛产菊花石,这种石头"温而缜,野尔文",常被用来制作砚台,深受文人墨客的喜爱。谭嗣同的书房里就收藏着一件极品菊花石,谭嗣同非常喜欢,所以给自己的书房取名为"石菊影庐"。自己作品汇成的集子就取名为《石菊影庐笔识》。

《石菊影庐笔识》分为上卷《学篇》七十六则和下卷《思篇》五十四则,内容涉及札记、诗文、书信、掌故、考释、数学、物理、化学、天文、地理以及经、史、子、集,十分广泛而庞杂。它较为全面地反映了谭嗣同这段时期的思想状况和哲学思考。

就《石菊影庐笔识》中反映出的谭嗣同的哲学和政治主张而言,有两个特点比较突出。其一是"气一元论"的哲学观点,其二是"随时而变"的政治主张。

谭嗣同的"气一元论"继承了王船山、张载的哲学观点，认为"气"是万事万物的本源，人们的认识、思想都源于"气"，世界统一于这种无处不在的"气"。他说地在天中，天也就在地中，天为阳，地为阴，阴和阳，不过都是气而已。是"气"化育出不同形态的万物。从大到小都是由"气"化育而成，而这种化育就在于"气"的运动。倘若运动停止，则万物就会走向死亡，正如人的心脏如果停止了跳动，就会导致目不能视，耳不能闻。谭嗣同所坚持的"气一元论"，含有比较明显的唯物主义色彩，对朱熹等理学家宣扬的"理先气后"的唯心主义哲学具有批判作用。谭嗣同强调指出，人们的视听言动、喜怒哀乐都要受到"气"的影响，即便是圣人，也是通过"正五色以养明，定六律以养聪"，也就是说，圣人的各种感觉都是通过确定本已存在的色彩和声音培养出来的，不是凭空创造出来的。思想当然也是一样。

由于认定了思想是从"气"中孕育的，也就是实践是认识和思想的来源，谭嗣同在现实生活中就非常注重实践。不盲从、不轻信，喜欢考察自然和社会，习惯打破砂锅问到底。不过，谭嗣同的"气一元论"虽然包含着唯物主义色彩，接近唯物主义的哲学观点，但在他的笔记中，还流露出对灵魂、鬼神的某种程度的相信。他指出，人的"游魂"是可以互换的，你变成我，我变成你，人能够"以前后之我，视今日之我,以今日之我,视前后之我,则所谓我,皆他人也"。他深信北方的"出殃"和南方的"出死",也就是灵魂可以升天,并说自己在七岁时就亲眼所见。所以,他的哲学思想是混杂不清的。

"随时而变"是谭嗣同在他的《石菊影庐笔识》中表现的另一个思想特色。他首先接受了事物是运动、变化的观点。认为事物都有产生和灭亡的过程。他认为地球既然有生,将来必然就会有灭;人既然是由原始生物进化来的,那么人最初和鱼、蛇等物种也没有大的区别,只是不断的进化才使人同其他动物分别开来。他还用中国古代社会的"治""乱"来解释社会的变迁。认为"人事日趋于隆,而世风日趋于降,降而不能止则大乱,久而又大治"。而"治"和"乱"相比,乱是常态,治是非常态。"一治一乱之天下,往往乱常而治偶,乱久而治暂,乱速而治缓,乱多而治寡,乱易而治难。"即使是"圣人",也不能改变这种局面,只能顺其时,通其变,针对不同的状况,采取不同的治世之法。尧、舜、禹所处时代不同,形势也不同,治理的方法就不同,效果也各异。"穷变通久"是"圣人"掌握的规律。再说到中国近代的情况,谭嗣同举例说,魏源《海国图志》中的许多论述,在鸦片战争时期看都是正确的,但到了现在,一些说法就不再合理了,因为"战守双方,强弱之形,离合之情,纵横之势,无不与今异",如果还用原来那套"以夷攻夷"的办法就行不通了。至于中国那时的问题,谭嗣同认为已经发生了重大的变化,所以应对的办法,也不能一成不变,而应该随时变化。在谭嗣同看来,中国当时的问题是"患不在外而在内",应对的根本办法是改革内政,消除内患,让中国立于自强之地,自然不惧外患。他批评那些只看到外患而不注意内患的人说:"今之谈者,以为患莫大乎外夷,而荒中国之大计以殉之。强者主战,而不问所以战,弱者主和,而不察所以和。"敌兵来了,惊恐不定;敌人走了,歌舞升平。长此以往,必然亡国。

谭嗣同对于清王朝的情况作了如下的分析:官多、法乱、机构臃肿,而这些导致了清政府的统治危机。他说:"凡物多则生患,天下之患,生于多者十,而外夷不与焉。士多而不教,官多而不择,民多而无业。士多而不知理,法多而无所守,说多而无所从。取多而无度,用多而不节,兵多而不可用,盗多而不能弭。"但清政府却看不到问题的严重性,一味掩饰,文过饰非,认为"长治久安,可以高枕无忧"。正如鱼游釜中,"而不知烈火之燔其下"。谭嗣同之所以如此尖锐地指出清政府面临的危机的严重性,目的是要说明清政府不能"随时而变"的危险性,希望通过警告来督促清政府进行变革,挽救危机。

毫无疑问，在谭嗣同的《石菊影庐笔识》中，流露出"随时而变"的思想，也说明这一时期，变革思想已经在谭嗣同的头脑中萌芽。不过，此时的谭嗣同只注意到一些社会的具体问题，甚至只是一些枝节末叶的问题，他的变革思想也停留在一些浅层的问题上，对于中国整个的制度问题、伦理道德问题以及更为深刻的文化问题，则表现出陈旧保守的特点。他对中国的圣人之道抱有很大的信心，认为这是在任何时候都不可以变更的。他甚至对中国的变革，也寄希望于圣人，认为"圣人之功用，可以参天赞化"。希望有圣人出，"以道之至神，御器之至精"，挽救危局，创造一个新的世界。与此同时，谭嗣同的"随时而变"的思想中，还包含着循环论的色彩，认为事物在轮回中往复不止，世道在"治"和"乱"中循环往复，各国文明在"文""质""忠"之间不断转换。所有这些让谭嗣同此一时期的思想充满了矛盾，显示出谭嗣同思想正处在一个变更的时期，其混乱和不成熟表露无遗。与此同时，谭嗣同一味地强调中国的问题在内而不在外，对于西方资本主义国家的侵略所造成的危害缺乏认识，更没有看到中国的问题是由中外反动势力共同造成的，这也是谭嗣同思想没有达到的认知层面。

甲午战争和公车上书

光绪二十年（1894），一场突如其来的战争震动了全国。这就是中日甲午战争。清政府内部，如同历次对外战争一样，分成了主战派和主和派，而此时的两派因为涉及权力之争，越发不可调和。

光绪皇帝从六岁登基，就处于慈禧太后的掌控之中。虽然此后的光绪帝经历了十六岁的成人礼和十九岁的大婚，但实权依然掌握在慈禧太后手里。希望有所作为的光绪皇帝一直不满于完全无权的地位，他在屈服于慈禧太后淫威的同时，也注意培植自己的势力，组成所谓的"帝党"。中日甲午战争的爆发和全国要求对日宣战的强烈呼声，让一向软弱的光绪皇帝受到鼓舞，他希望通过对日宣战，借机提升自己的声望，扩充自己的势力，以此取得权力，摆脱长期受制于慈禧太后的局面。当时，清政府的军事和财政都掌握在以慈禧为首的"后党"手中。

为了显示皇帝的权威和主政的决心，光绪帝虽然处于无权的地位，但还是在主战方面表现了强硬的态度。他责备李鸿章备战不力，将其"拔去三眼花翎，褫去黄马褂"，以示惩罚，责令李鸿章加紧对朝鲜用兵。

由于慈禧太后和李鸿章的消极备战以及清政府军队的无能，清军在朝鲜战场处处受制于日军，海陆两线都遭遇了惨败。1895年4月17日，清政府被迫与日本签订丧权辱国的《马关条约》。

《马关条约》签订的消息传到北京的时候，全国十八个行省的一千三百多名举人正在北京应试，这批由政府公车接送参加考试的举人闻知《马关条约》签订的消息，悲愤难忍，痛哭陈词，激烈反对割让台湾，希望政府能够挽回局面。4月30日，带着沉痛和悲愤心情的各省举人齐聚玄武门外的松筠庵，经过慷慨激昂的演讲、讨论后，纷纷在由康有为起草的万言书上签名。万言书中沉痛指出：如果台湾、澎湖割让给日本，那么英、俄、法等列强都会跟着来瓜分中国，所以必须拒绝签订屈辱的条约。要求光绪皇帝"下诏鼓天下之气，迁都定天下之本，练兵强天下之势，变法成天下之治"。意思是：皇帝要亲自下诏书，明确规定赏罚的办法，让真正有本领的人来管理国家大事；迁都长安，用准备赔偿日军的两万两白银充作军费，誓死抵抗到底，绝不求和；抓紧训练一支强大的军队，保卫国家的安全；实行变法，改革政治，才能使中国富强。万言书中还提出，要真正挽救民族危亡，达到富国自强，特别需要变法。而变法要先从富国入手，办法是：修筑铁路，开采矿藏，采购和使用机器、轮船，创办邮政，发行钞票，铸造角币。国富是以民富为基础的，因此，它的方法是：一、发展农业；二、发展工业；三、给商人以利益；四、抚恤全国劳苦的百姓；五、设立学校和报馆，来教育人民。归根到底，就是要在政治方面扫除贪官污吏，整治朝纲，选拔真才实学之士参加到政权中来，并在制度上实行改良。举人们在万言书上签名之后，由翰林院侍读学士文廷式和康有为率领，高呼变法拒和的口号，从松筠庵出发，一路游行，沿途张贴揭帖，发表演讲，穿街过巷，直奔都察院，将附有一千三百多名举人签名的万言书递交到了都察院官员的手中，这就是中国近代史上颇具影响的"公车上书"。

"公车上书"打破了清政府书生不得上书言事的禁忌，让越来越多的人参与到维新运动中来，从而揭开了全国范围内维新运动的序幕。

谭嗣同维新思想的形成

甲午战争的失利以及《马关条约》的签订，给予了一向对中国的文化和制度有着坚定信心的谭嗣同巨大的触动。他的思想经此重创之后，发生了根本的变化。按照他自己的说法，虽然平时时常讨论中外之间的关系，关心中外事务，但长期以来一直不得要领。经过了甲午战争失败的巨大刺激，他才真正开始用心去思考与此相关的一系列问题。通过仔细研究中外几十年来的社会变化，探讨这些变化的原因及相关因素。他再也不敢像原来那样一味地肯定自己而否定西方，不敢再忌讳谈起自己的短处而贬低外国的长处，不敢再固守一己之见，做井底之蛙而泥古不化，也再不敢不摈弃自己的旧说而向西方国家学习，以期取长补短来改善自身。此时的谭嗣同，开始坚决反对守旧，主张向西方学习，进行变法。

谭嗣同的"随时而变"的哲学思想在《石菊影庐笔识》中已经形成。面对甲午战争失败和《马关条约》的签订，这一思想进一步发展，开始相信并宣传西方的进化论，形成了自己的"日新说"，认为世界上的万事万物都处于竞争当中。"物竞天择，适者生存"是人类不能回避的公理。如果不能在竞争中取胜，就会导致亡国灭种的危险。而各类竞争中，中国和外国是一种竞争，商务和贸易是一种竞争。中国和西方国家间的竞争在今天已经形成了势不两立之势，中国必须努力发展，同西方国家力战，才有可能获得一线生机。要想在竞争中获胜，中国就必须变法维新，适应时代发展的形势。因为宇宙万物都在发展变化，新陈代谢是宇宙间不可抗拒的规律，所以要不断求变求新。只有新才是有生命力的，只有新才能使中国跟上时代的脚步。谭嗣同指出，宇宙间万物以新作为存在的方式，人以新为生命的根本，而新又是一种暂时的状态，早晨强盛的，晚上可能就变成了衰弱，今天的神奇，明天就有可能化为腐朽。只有不断地更新，才能免于被淘汰和灭亡的命运。为此，谭嗣同提出了自己的主张，那就是从政治、经济、思想文化等方面实行全面的变法。他在反对守旧派散布的反对向西方学习的种种谬论时指出，只有"尽变西法"，中国才有出路。

守旧派所坚持的谬论之一是"君子谋道不谋食"，也就是说正人君子只需要考虑形而上的能够正人心的伦理道德，而不必去考虑和民众之生计息息相关的各种具体的科学技术和经济生产，西方的科学技术不过是些形而下的"奇技淫巧"，根本不用学习。对此，谭嗣同不无讽刺地说，正是这些不被中国人看得上的"奇技淫巧"，将中国打得一败涂地。如果中国不掌握这些"奇技淫巧"，将永远处在被动挨打的局面。他严肃地告诉人们，西方的天算、历法、气学、电学、水学、火学、光学、声学、航海绘图、动重、静重诸学，都是先进而实用的，都是中国人必须学习掌握的。这些就是中国自古倡导和讲求的"实学"。倘若中国人不去掌握这些实用的科学技术，只知道空谈古人之道，是不会给中国带来改变的。他一针见血地指出了中国那些守旧顽固的所谓饱学之士的无知无用，说这些人的床头案边堆满了书籍，但如果你问他这些书籍有什么用处，他只能回答"不知道"。他们能够写出华丽的文章，写出优美的书法，但要问他们何为救国之道，他们只能回答"气和精诚"足以御敌。这已经到了愚蠢至极的地步，照这样下去，敌人发上数万炮，恐怕我四万万同胞不会再有活着的人了。他痛斥那些守旧顽固派寻找各种各样的借口，处处阻挠中国向西方学习。你要是造机器，他们就指责你与民争利；你要办商务，他们就指责你违背了圣人"谋道不谋食"的古训；你要修铁路，他们就指责你搞异端。这些守旧顽固派徒尚空谈，不务实事。只知道讲求虚妄的"道"，以此沽名钓誉，害怕学习西方从而导致社会形成讲求实务的风气，那样他们的旧知识、旧学问就没有了用武之地，也就会让自己落到一种无人理睬的处境，再也不能身居名士之位对社会指手画脚了。

守旧派所坚持的另一谬论是，学习西方仿效西法会导致"坏天下之人心"的恶果。中国封建社会的统治者和理论家，向来注重"人心"问题，认为"人心"之正与不正，是天下治乱的根本。他们把社会上出现的一切乱象都归结为人心变坏，很少去追究统治阶级的腐败和无能。所以抽象的"人心"是统治阶级掩盖自己各种罪恶和腐败无能的遮羞布。在是否学习西方的问题上，守旧派同样摆出"人心"的遮羞布，认为"尽变西法"会影响中国"人心"的纯正，会让中国民众纯朴和善的心理受到西方只重利益不顾道德的影响。提出"不先正天下之人心，变犹不变也"的论调。谭嗣同针对守旧派提出的人心问题，尖锐地指出，人心的正与不正，在于"法的良与不良"。有良法则中人以下犹可自勉，没有良法即便是中人以上也难以靠得住。有了良法就不会给蠢蠢欲动的不法之徒以可乘之机，没有良法就算是尧舜也难免犯错误。西方国家之所以能够强盛有秩序，中国之所以腐败昏暗变乱丛生，并不是西方国家的人心天生就比中国的人心正，只是法不同导致的结果。谭嗣同的这些论断颇有一些幽暗意识的感觉，也就是相信人都有恶的一面。有了良好的法律，人的恶的一面就无从发作，没有良好的法律，任凭什么样的人都有可能受到罪恶的诱惑而犯错误。所以要想正天下人心，只能依靠良好的法治，只靠空言来提倡正人心是不会有任何结果的。即便是圣人，也讲"衣食足，然后礼让兴"，可见正人心首先必须国强民富，必须讲求那些有关国计民生的具体措施和技术。

守旧派所坚持的谬论之三，就是认为学习西方会导致中国社会"伦常俱丧"。谭嗣同的看法恰好相反。谭嗣同认为，中国学习西方同时包含着学习西方的"伦常"，而就目前的局势来说，西方的"伦常"较之于中国的"伦常"有很多长处。比如中国的"君为臣纲"，就远远落后于西方的"民主",西方的"大公至正"就优于中国的独断专行。至于有人认为中国人讲究孝道,西方人不尊重父母,谭嗣同举例进行了批驳。他以自己认识的一名英国医生为例,讲述了他如何照顾自己母亲的衣食住行,如何对她关怀备至。而至于西方人讲求个人独立,人人追求自强,以至举国上下没有懒惰之人,同中国的很多儿女过分依赖父母,成为父母的负担相比,更不知高强多少。谭嗣同认为,讲求个人独立,不依赖父母,不成为父母和社会的负担,这才是最大的孝。至于男女婚姻关系,在西方讲求男女平等,婚姻出于两相情愿,自由结合,较之中国的男尊女卑、夫为妻纲的伦常更是优越得多了。在谈到中国和西方社会有关风俗、礼仪、服饰等方面的差异,谭嗣同承认各国的民族文化不同,风俗习惯等也就不同,它是客观历史造成的,不应成为相互看不起并进而闭关自守的理由。无论是中国的服饰、礼仪,还是中国的风俗习惯,较之西方实在没有多少值得骄傲的地方。至于指责西方国家没有伦常的论调,稍有常识之人都会察觉到它的荒谬。谭嗣同反问说,假使西方没有伦常,则相互之间就不会相爱,不相爱就会导致相互吞噬、人心涣散而争斗不止,民族也会灭亡,怎么还能举国一心,励精图治,达到今天远较中国富强繁荣的局面呢?谭嗣同甚至认为中国在人心、风俗、政治法度等方面无一可及西方国家,所以谭嗣同主张应该"尽变西法"。

有关如何"尽变西法",谭嗣同列举了如下内容:

(1)开议院,凡是有官有邑的地方就设一议院,这样就可以通民气。让那些能够改革、办实事并有成效的人进入议院成为议员。

(2)变科举,兴学校。废除空洞无用的八股考试,讲求能够有益国计民生的实学。这样一来,科举的考试内容变更,而又有考试的依据,不至于让乡举里选成为一部分人实现私欲的工具。而在形式上,仿效西方,办理初学院、中学院、上学院和大学院,每乡每村都设有学校,这样不愁变法没有人才。

(3)改官制。下级官吏以实际业绩为考评晋升的依据,上级官吏用实际业绩和学识来考评下级,不分内外,不别文武,按照个人的专业而各司其职,减少层级结构,提高官吏的级别,增加他们的俸禄,所有衙吏都必须是学习法律的士人。

(4)设立商部,成立商会、商总会,开办公司,召集民间股份,兴办保险事业,让整个经济走向工商业轨道,以此来学习西方的经济。

(5)练兵。练乡兵,用之代替征兵役,保卫地方的安全;练近代化的海陆军,以此则或战或守,不至于受制于西人。

（6）开矿山、修铁路、办工厂、造轮船、广贸易、改漕务，全面发展资本主义的工商业。

（7）办银行、改税率、收回海关自主权以及各种利权，通过出口免税、入口重税来保护自身经济的发展。

（8）改定刑律，学习和仿效西方国家的法律，并同西方国家接轨，务必使法律简明易懂。同时清理刑狱，要求官吏秉公办事。

（9）开办医院、修建花园、建立自来水厂、推广电气煤气灯，以利民用。

（10）创办报刊，开设译书局，鼓励四出游历，以此来增长见识，扩充学问，并通过实地考察，研究各国得失成败的原因。

谭嗣同列举的变法内容极为广泛，除了上面列举的十条之外，还有讲求科学、兴办水利、改革钱币、建立女学、发展手工艺品、广修道路等等。按照谭嗣同的说法就是"凡利必兴，凡害必除"。

毫无疑问，谭嗣同的维新变法思想涉及的内容非常全面。在他的思想里，我们能够感受到谭嗣同的激进以及变法之心的热切。同样也能看到谭嗣同思想中一味模仿西方的简单和生硬，但作为居于那个时代的一名士大夫，谭嗣同的思想已属难能可贵。

开办算学馆

谭嗣同的变法主张,是一份详尽而全面的变法规划。任谁都知道,仅靠一己之力,无论如何是不可能一一并举的。谭嗣同是一个"如其坐而言,不如起而行"的人。那么为实现"尽变西法"的主张,自己应从哪里入手呢?在分析了中国的现实之后,他指出:中国的时弊在于缺乏精通洋务的人才,这也是中国进行变法将面临的一大困难。因为长期以来,士子们只知道读圣贤书,不知道讲求实用,正是舍本逐末,避实击虚。最蠢的是还有一批人把时文、试帖、小楷当成是安身立命的学问。而一批所谓的聪明人士,沉溺于考据、训诂、辞章,玩物丧志,对民族的命运、国家的前途完全不关心。而许多已经身居要职的官吏,对于洋务甘心处于无知的状态,并用无知为由来推诿自己的责任。导致的结果是精通洋务的人太少,而那些所谓的通洋务者得以自持专权,这也就是李鸿章能够专权三十余年的重要原因之一。在谭嗣同看来,如果国家能够及早讲求洋务,自然可以培养出一批能够应对外国侵略者的人才来,也不至于长期贻误,造成不可收拾的局面。所以谭嗣同主张,要想变法,首要的任务是教育贤才。而要想教育贤才，又应以学习"算学格致"为主。在算学和格致中，算学又尤为重要，因为在谭嗣同看来，算学是各种自然科学的基础，是一切科学技术的本源，而且又同人们的具体生活密切相关，它的用途极为广泛，而与国家兴盛与否关系至大。谭嗣同的好友唐才常的一番言论也许能够很好地表达谭嗣同对于算学的态度。唐才常曾在他的家书中这样表述自己的观点：算学这门学问，从小处讲，能够为日常生活带来很多的便利，从大处讲，它是机器制造的根源；即便是讲到水陆战争，和战争有关的测绘、驾驶、放炮的准星等问题也无一不和算学有着密切的关系。中国之所以在历次对外战争中失败，遭受到外国的欺侮，其根本原因就是中国对算学这门学问一点不讲求、不重视。

由于认定了算学对于人们了解西学以及造就人才从而进行变法的重要性，谭嗣同开始联系与自己志同道合的朋友着手筹办算学馆。他首先联系到的就是自己的好友唐才常和刘善涵。

唐才常，字伯平，号彼丞，后又改为佛尘。被谭嗣同视为一生中最好的朋友。谭嗣同说过："二十年刎颈交，惟唐佛尘一人而已。"可见唐才常在谭嗣同心目中的地位。

唐才常与谭嗣同是湖南浏阳老乡，很小的时候就与谭嗣同结为挚友。唐才常自小喜欢读书，尤其喜欢阅读一些和科举考试无关的"杂书"。他曾师从欧阳中鹄，也曾在湖南最有名的岳麓书院就学，学问功底扎实，同时留心阅读古今中外的各类书籍，有着非常博杂的知识。而在性情上不受封建礼法的约束，思想尖锐，富有激情。他是一位集智慧、勇气、谋略、义气于一身的性情中人。当谭嗣同在浏阳就学于欧阳中鹄门下时，唐才常也恰好在欧阳中鹄的门下读书，二人一见如故，引为知己。在那一段时间里，他们一起读书，一起讨论问题，读书同桌，睡眠同榻，形影不离。那时谭嗣同刚刚失去母亲等亲人，结识唐才常这位与自己一样不守常规、放荡不羁的伙伴，让谭嗣同暂时忘却了失去亲人的伤痛，给谭嗣同的心灵带来极大的安慰。此后的谭嗣同虽然大部分时间不在浏阳，但只要回来，都会和唐才常促膝长谈，彻夜不眠。

光绪十九年，乡试失败的唐才常非常失意落寞，写信给谭嗣同。谭嗣同打听到两湖书院有缺额，就推荐唐才常去赴考，结果被录用。唐才常非常感激谭嗣同的帮助，两人的关系进一步密切。在以后的日子里，唐才常和谭嗣同多次合作，一起推动着湖南维新运动的发展。

刘善涵，字淞芙，谭嗣同的浏阳老乡。在浏阳，谭家和刘家都是颇有声望的家族，两家本属世交。唐才常入两湖书院的时候，刘善涵也在那里工作。因为刘善涵了解西学，通晓天文地理，又善言谈，敢发议论，富有进取精神，谭嗣同对他非常推崇，称他和唐才常都是难得一见的通才。谭嗣同还亲自篆刻了一枚"云雷"的石章赠送给刘善涵。刘善涵非常珍惜这枚图章，还按照图章上的字，将自己的书斋取名为"云雷"。很快，谭嗣同、唐才常和刘善涵成为无话不谈的挚友，时常聚在一起，切磋学问，交流思想。当谭嗣同离开湖北的时候，两人也保持着密切的联系。据刘善涵的女儿刘豫璇说，谭嗣同与刘善涵存在世交的关系，缔文字之交，学问上相通，思想上接近，彼此相互佩服推崇，过从甚密，两人间书信往来频繁。

谭嗣同将自己准备筹建算学馆的想法与唐才常、刘善涵一说，三人一拍即合，马上开始了筹划和宣传，但非常遗憾的是，谭嗣同的父亲谭继洵反对谭嗣同的这一主张。事实上，谭继洵之所以反对谭嗣同筹办算学馆的主张，很大程度上是作为一名封建大员对自身利益的考虑。谭继洵一生为官谨慎，向来缺乏大刀阔斧勇开风气的魄力。他所反对的未必是谭嗣同的主张，但在无法预知这一行为所造成的结果之前，他不希望由他的儿子首先发端。

迫于父亲的压力，谭嗣同不能公开出面倡导筹办算学馆的事。但他又认定办算学馆是一件利国利民的大事，所以在感到父命难违的同时，又不甘心轻易放弃。于是他致信自己的老师欧阳中鹄，论述了在当时形势下变法的必要性以及自己筹办算学馆的想法，希望欧阳中鹄能够邀集地方士绅，向他们宣讲时代形势和挽救局势的办法，并在他们的帮助下设立算学格致馆，招收才智之士学习。并认为这是今天能做的精卫填海之事，他日必能收获大量的可用人才。谭嗣同还特别讲明了算学馆让学生从算学入手，同时学习天算、商务、医学等专门知识，尤其要读新译出来的新书和上海等地创办的报纸杂志。

欧阳中鹄读过谭嗣同长达万言的长信之后，很受鼓舞，很快表示将支持谭嗣同创办算学馆。他还紧接着致信谭嗣同的另一位老师，一位同样在浏阳地方享有声望又是欧阳中鹄好友的涂启先，提出要变科举、育新才，决意将县中书院改习格致，并且先从算学开始的想法。他在致涂启先的信中附上了谭嗣同给他自己的长信。涂启先看过后，对于谭嗣同在浏阳创办算学馆的建议也十分支持，在复欧阳中鹄的信中称赞谭嗣同的想法和行为是为浏阳开风气，也是为天下开风气。他还称赞谭嗣同信中的言论能够切中时势要害，建议欧阳中鹄和谭嗣同先不动声色地招聘好的老师，购买需用的书籍，招收才俊之士来学习算学，而不必声张，以免招致守旧人物的诘难和阻碍。

谭嗣同在得到了两位老师的赞同和支持后备受鼓舞，马上又制定了算学馆开创的具体章程八条。在谭嗣同制定的章程中，涉及财务管理、房屋租赁、教师的聘请和学生的招收等具体问题，涉及各类人员的职责、任务以及学生的课程、纪律等，甚至还涉及厨役和杂役等方面的条规，可说是内容周全，分类清晰，而其中最为重要的内容则是学以致用的办学宗旨。章程中明确规定，学生学习知识是为日后办理使务、界务、商务、税务等具体事宜服务的。而且希望通过算学馆的开办，向民众传授种桑、养蚕、缫丝等技术。还希望在算学馆经费充足时，增添老师，购买机器，学习研究地学、化学等，集股开矿，通过开矿带动蒸汽机、水火电力、声光等技术的进步，进而使机器制造、工商事务等得以发展繁荣。

欧阳中鹄接到谭嗣同制定的章程后，对原来谭嗣同写给他的长信进行了删减和修改，然后将长信和章程合在一起，刊行了《兴算学议》，在湖南境内进行分发和传播。向来具有变革思想的开明官僚——湖南巡抚陈宝箴看后非常赞赏，在给欧阳中鹄的回信中说，"谭复生'书'，粗阅一过，其识度、才气、性情，得未曾有"。同时命令将它印刷千本，遍发湖南境内的各大书院。湖南学政江标，有志变革而又以开辟新学为己任，对于谭嗣同的主张以及制定的章程也很是赞同，批准将南台书院改为算学馆。

当谭嗣同在浏阳大力提倡西学，着力筹办算学馆的时候，整个湖南省还笼罩在一种守旧保守的氛围中。那时的大部分学者和学子都还把不谈洋务的人看成是正人君子，而把学习西方的人看成是"汉奸"。江标的批示一出，长沙全城议论沸腾。当时正值每年一度的科举考试，士子云集，对于江标的批示，一片哗然，都把浏阳的做法当成了妖孽异端，并相互告诫不要染上浏阳的遗毒。当时《万国公报》上发表评论说，湖南省人，还不知西法为天下的良法，更不知道新法为今日之要法，是以逞其私见，全力排拒。这样的情况让谭嗣同创办算学馆的主张和行为举步维艰。恰在这个时候，浏阳一带发生了一场大旱灾，饿殍遍地，嗷嗷待哺，救灾成为压倒一切的大事。欧阳中鹄作为地方名士，被委派在浏阳办赈灾，准备用来办算学馆的款项全部被充作赈灾款，本来对算学馆很热心的欧阳中鹄也渐渐失去了热情，不同意将南台书院改为算学馆，主张一切都听从县官的意见。在这种情况下，谭嗣同只好多次从湖北回到浏阳，与好友唐才常等人一起，招收了十六名学生，聘请新化县的晏孝儒为老师，每个学生出五十缗制钱，开办起了规模很小的算学社。

勉强开办的算学社同最初谭嗣同设想的算学馆当然存在着很大的距离，但它却在守旧的湖南起到了开风气的作用，播下了维新的种子。到1897年，随着维新运动在全国范围内的进一步高涨，浏阳县的很多进步学者和士子重提筹办算学馆之事，此时的谭嗣同联合几位同人，筹集了"巨款"，并从南台书院的经费中拨出一部分，将原有的算学社改为公办，在此基础上办起了算学馆。对于算学馆的兴办以及湖南风气的转变，谭嗣同兴奋异常，他在给汪康年的信中这样描述算学馆兴办的经过："去年（算学社）尚系私结之社，极有效验。今年风气愈开，竟动用本县公款，特设一书院，名算学馆。千回百折，始做到如此地步……湘乡东山书院，亦援浏阳之例而兴，浏阳可云为天下先。"谭嗣同还对算学馆的未来充满了畅想，他在《浏阳兴算记》中这样写道："其明年，浏阳果大兴算学，考算学洋务，名必在他州县上，至推为一省之冠，省会人士，始自渐奋，向学风气，由是大开。"

开算学馆一事，算得上是谭嗣同投身维新运动的开始，也是谭嗣同将维新思想付诸实践的尝试。算学馆的开办为整个湖南维新运动开了风气，有效地推动了湖南维新运动的发展。

赈灾阻祟

也就在谭嗣同筹办算学社的1895年，湖南东部遭遇大旱，浏阳一带禾苗枯焦，庄稼颗粒无收。眼见家乡的父老乡亲在旱灾的袭击下饥寒交迫、颠沛流离的悲惨情景，一向忧国忧民的谭嗣同无法坐视不理。他马上找到自己的老师欧阳中鹄和刎颈之交唐才常等人共同协商赈灾事宜。他一方面向自己的父亲谭继洵求援，一方面以巡抚公子的身份致信湖广总督张之洞、湖南巡抚陈宝箴等，请他们设法捐助，寄赠赈款。同时发动本地士绅，筹款筹粮，在浏阳城镇广设粥厂，救济灾民。另一方面则设法开办工矿，以工代赈。经过半月的奔忙，谭嗣同口说力行，多方挪借，赈灾取得了一定的成效，从死亡线上救回了许多饥民的性命。不过，接下来的问题仍然严重。他们能够获得的物资和粮食非常有限，而浏阳本地的一些富户，利用灾情囤积居奇，投机钻营，把大批粮食运往岳州牟取暴利。

一天，谭嗣同正在自己的书斋"石菊影庐"读书，唐才常匆匆赶到，告知了一个不好的消息。几个月前，谭嗣同、唐才常等和浏阳士绅着手筹办的煤矿——安的摩尼矿会，如今经费已经筹足，地脉已经探准，工人也已招齐，即将破土动工，但灾荒让数百名工人的口粮成了问题。唐才常告诉谭嗣同，招来的工人即将散伙，因为马上就要断炊，而四处都买不到粮食。他还告知谭嗣同，某某富户有多少粮食，某某富户有多少条船，他们伙同官府，势力很大，虽然目前浏阳粮食紧缺，但只能眼巴巴地看着一船船的粮食运出县境。

谭嗣同得知消息后，马上派家人给自己的朋友——湖广总督的儿子张立人送去一封急信，约张立人和他在岳州相见。待到张立人如约到来，谭嗣同将自己在浏阳办矿、赈灾，以及浏阳富户将粮食运到岳州，他急需得到这批粮食等情况一一向张立人说明，请求张立人和他一起阻止浏阳的粮食外枭。

张立人听了谭嗣同的陈述，也认为办矿和赈灾都是好事，灾荒之年阻枭也是应该的，而且在这位总督公子的眼里，这也算不上难办的事情，所以一口答应。之后，张立人凭借总督公子的身份，找到父亲张之洞的老部下，当时的岳州总兵陈一龙，让陈一龙拨出一哨兵勇给他临时使用。谭嗣同也在这一时间里，设法找到了浏阳船帮，摸清了整个船帮的情况。原来整个船帮归十二家富户所有，共装载粮食五百余担，为首的是举人刘福堂，准备在岳州的浏阳会馆接洽枭粮事宜。

正当富户们在浏阳会馆大摆宴席商谈枭粮事宜的时候，谭嗣同和张立人带着十名全副武装的兵勇到来，说明要将从浏阳运来的粮食买下，价格当然不是那些试图牟取暴利的富户希望的那样。为牟取暴利的富户眼见将要到手的大笔钱财化为乌有，为首的刘福堂当然不甘心，先是声称粮食为众富户共同所有，须征得所有人的同意才能决定。在其他富户为张、谭两位公子以及全副武装的兵勇的气势吓破了胆，纷纷提出全听刘福堂主张后，刘福堂又声称这宗粮谷都是各家的私产，并非偷盗抢劫得来，别人无权过问他们如何处置自己的财物。这时的谭嗣同和张立人利用巡抚和总督公子的身份，使用武力，捆绑了刘福堂，强行将已经运到岳州的粮食运回了浏阳。

谭、张二人"截粮赈灾"之事是否属实还有待考证，有人说这一事件中谭嗣同的行为有"仗势"之嫌，在这里，我们尚且不论是否确有其事，单从这一行为本身来看，在那个特定的灾荒时期，一方面要去拯救将被饿死的灾民的生命，一方面要打击不顾民众的死活，利用灾荒来牟取暴利的不义行为，在道义上是具有合理性的。也许这样的行为，正符合植根于谭嗣同内心深处的任侠思想，符合中国大多民众所认可甚至是称颂的侠义之道。在这一过程中，谭嗣同对富户首领刘福堂的一些言论，很好地印证了谭嗣同所坚持的正义。他训斥刘福堂说：你枉读圣贤之书，想我平、浏几县数十万生灵忍饥挨饿、奄奄待毙，一担粮食能救活多少性命！而你等利用荒年囤积居奇，牟取暴利，灾年聚饮，实乃吮吸民脂民膏之人，比那偷盗抢劫者更歹毒十倍百倍，你这等样人哪里还有脸面讲什么道理。谭嗣同在这样特定的时期使用特别的方式拯救灾民生命的做法，正体现出谭嗣同不拘泥小节、敢作敢为的气质。

再一次漫游

谭嗣同热衷于从事湖南的维新活动，又在赈灾枭粮中行为过激，让他的父亲谭继洵深为忧虑。身为湖北巡抚的谭继洵向来为官谨慎，也深谙为官之道。当朝廷对维新的态度非常暧昧的时候，贸然从事是非常危险的，而一些地方守旧官吏攻击谭嗣同的谣言又四处传播。谭继洵关心谭嗣同的仕途，一直在为谭嗣同寻找进入官场的机会。当谭嗣同在湖南因为维新和赈灾而引起很多官吏的议论和非议的时候，谭继洵觉得应该尽快为谭嗣同谋一个出路。

1896年6月，沙皇尼古拉二世准备举行加冕仪式，邀请清廷派员前往观礼祝贺，并借此机会商讨对付日本的相关事宜。清政府接到邀请，决定派湖北布政使王之春为代表前往。王之春是湖南人，与谭继洵同在湖北为官，又有着上下级关系。谭继洵觉得这是一个机会，所以就让王之春奏报朝廷，将谭嗣同作为随行人员同去俄罗斯。谭嗣同获悉这一消息，心中非常沮丧。一来谭嗣同向来看不起王之春的为人，认为他人品低下，缺乏气节；二来前往俄国去为沙皇加冕祝贺，是一件有辱国家尊严的屈辱行径。不过幸运的是俄国方面认为王之春职位太低，官职太小，不足当此大任，点名要求清政府派李鸿章前往。谭继洵让嗣同作随员的计划随之泡汤。这让谭嗣同暗暗松了一口气。

谭继洵没有因此放弃为谭嗣同谋取职位的努力。在经过了一番周折之后，谭继洵用重金为谭嗣同捐了一个候补知府的官衔，分派到江苏，等候委任。此时的谭嗣同一心想的是在湖南做一番事业，而具有维新思想的湖南巡抚陈宝箴也对谭嗣同的学识能力非常赏识，托人到湖北邀请谭嗣同回湖南协助他推行新政，谭嗣同已经慨然应允，准备施展自己的抱负。谭继洵催促谭嗣同赶赴江苏。谭嗣同父命难违，一时愧恨交加。愧的是辜负了陈宝箴的知遇之恩，恨的是自己维新之志难于施展。离开湖北的时候，谭嗣同怅然若失，心中涌起一股悲凉之感。也许这个时候，谭嗣同对封建纲常对于人的束缚有了更为深刻的感受。向来听从父亲命令的谭嗣同时时感受到父亲的想法和做法与自己的愿望相冲突，而在父命与自己的意愿之间，他却只能选择服从父命。冲决封建纲常罗网的想法在这时也许是非常强烈的，但此时的谭嗣同还没有将这一主张喊出来。他只能通过写下据说只有刎颈之交唐才常才能看得懂的极为隐晦的《留别湘中同志八首》来抒发心中的郁闷。

由于对到南京去候补知府并不感兴趣，什么时候能够候补也不得而知，谭嗣同离开湖北后，并没有直接去南京，而是希望借此机会，结识天下有学识的才俊，向他们虚心求教，以期取长补短，完善自身，同时多见多闻天下种种奇人奇事奇物，增加自己的阅历和见识。他辗转来到上海，再到天津、北京，进行了十年漫游后的又一次漫游。这次漫游虽然时间很短，但对谭嗣同的影响却非常大。

1896年2月，谭嗣同到达上海。当时的上海是全国思想最活跃的地方之一，这里聚集着一批向西方寻求真理的先进知识分子，他们译书、办报、集会、讲学，宣传变法救亡的理论和主张。当北京的强学会被禁止的时候，上海一时间成了维新变法的中心。

置身上海的谭嗣同被这里浓浓的政治气氛所感染，对维新变法有了进一步的理解，也进一步激起了他投身维新变法的愿望和决心。他再次走访了墨海书馆的傅兰雅，并通过傅兰雅，结识了在墨海书馆任职的王韬、徐寿、华蘅芳等。傅兰雅带着谭嗣同参观了许多先进的科学仪器，让谭嗣同感慨万千。

参观了各种各样的化石之后，谭嗣同认识到天地万物都处在不断的进化之中，天地靠变化而日新，万物靠进化而生存，事物一旦停止了进化，就将走向灭亡。既然万物都靠进化生存，我们的国家怎么可以不思进取、停滞不前呢？

参观计算器，使他惊讶不已。计算器不需要人去计算，只要知道了使用方法，就是一个没有多少学识的村妇，一天内也能学会计算。无论多么复杂的数字，只要输进去，都能马上得到结果并且在计算器中有数字显示，分毫不差，还能将数字印成一清单送出。参观了X光照相后，他又写道："又见照相一纸，系用新法用电气照成，能见人肝胆、肺肠、筋络、骨血，朗朗如玻璃，如穿空，兼能照其状上纸；又能隔厚木或薄金类照人如不隔等。此后医学必大进步！"

谭嗣同通过观看西方的科学技术，联想到西方的政治制度，认为西方的政治制度也定如科学技术一样，明了清晰，简捷有效。

由于傅兰雅是一名传教士，他的职责就是在中国宣传他的宗教，而对于科学技术等的宣传介绍，不过是其传教的手段和辅助而已。为了宣传宗教，傅兰雅向谭嗣同介绍说："此尚不奇，更有新法，能测知人脑气筋，绘其人心中所思为何事，由是即可测知所梦为何梦，由是即可以器造梦，即照梦而梦焉。"

由于谭嗣同对西方的知识知之甚少，无论是科学技术还是宗教文化，都缺少辨别真伪的能力，以至于他对傅兰雅给他讲述的所有内容都全盘接受。当傅兰雅向他宣传以科学技术的形式出现的宗教知识时，谭嗣同极为景仰，深信不疑。他甚至千方百计地通过天主教、耶稣教的教师，去寻求宗教书籍，认真研究，大量吸收。这些都成为后来谭嗣同宗教思想的一个重要来源。

离开上海后，谭嗣同来到天津。那时的天津，经李鸿章几十年洋务创办下来，工厂、铁路、轮船和洋学堂都有了一定的规模，近代化气息较强。谭嗣同参观后，认为李鸿章所创办的洋务，无论是工厂、船坞、铁路、电线、炮台，还是轮船、火车、煤矿、金矿，都是措置得当，规模宏大，具有很强的先进性。

离开天津来到北京，谭嗣同无论在情绪上还是思想上，都受到很大的触动。此时的北京，经过了维新志士的宣传鼓动，变法思潮风起云涌，变法氛围高昂激荡。这里人才荟萃，学术和思想的交流极为热烈，各种各样的学说，各种各样的思想激荡在京城内外，所有的人都能感受到，一场变动即将在这里上演。置身北京的谭嗣同在各种知识、学术、思想面前，感受到自己学识的浅薄和思想的闭塞，感慨原来学习的知识在这里竟是无所依附。一种危机感和紧迫感让他如饥似渴地去结识新朋友，寻求新学问，接受新思想。在此过程中，谭嗣同结识了文廷式、陈炽、王鹏运、袁世凯、沈曾植、张謇、熊希龄、岑春煊、黄遵宪、严复、李岳瑞等清廷官员，同时结识了王正谊、梁启超等维新人士，还结识了夏曾佑、吴嘉瑞等佛教信徒。在北京的一段时间里，谭嗣同每日里与梁启超、夏曾佑朝夕相处，进行思想的交流。当时，夏曾佑在贾家胡同租赁了一间小屋，梁启超住在粉坊琉璃街的新会邑馆，谭嗣同住在北半截胡同的浏阳会馆，彼此相距很近，几乎没有一天不见面。见面就谈学问，常常发生争论，每天总要大吵一两次，总要取得一致的意见才肯罢休。

自从结识了夏曾佑和梁启超，谭嗣同的学问和思想都发生了急剧的变化。梁启超将自己从康有为那里获取的有关"进化""大同"等方面的知识和思想，一一向谭嗣同进行了介绍，谭嗣同感觉到自己平日里的所思所想，竟然在很大程度上与康有为的思想精髓不谋而合，这让谭嗣同异常兴奋，信心大增，维新的热情也进一步高涨。与此同时，梁启超对谭嗣同非常推崇，在他给康有为的信中，称赞谭嗣同才识明达、魄力绝伦，是自己从来没有见到过的。他同时承认谭嗣同和夏曾佑的学识和思想对自己也有着重大的影响。

不过，尽管北京汇聚了许多具有变法思想的人才，也有着变法的氛围，但清政府官僚中的实权派却对变法不以为然，并且还有许多人多方阻挠变法。1895年，康有为、梁启超等维新派为宣传和组织变法运动发起成立强学会，一度热闹非凡，清政府的许多官员加入其中，李鸿藻、翁同龢、袁世凯等大员也予以支持，甚至李鸿章还出资赞助。不同国籍的传教士如美国人林乐知、李佳白和英国人李提摩太也纷纷加入，还在强学会成立后不久创办了《强学报》，一时间呈现一派蓬勃发展之势。次年，御史杨崇伊弹劾强学会"植党营私"，清政府封禁了强学会，短暂的辉煌很快归于沉寂。即便是一些支持维新变法的官员，也因为自身长期形成的官场习气以及陈旧的知识结构导致的陈旧观念，无法摆脱原有的思维习惯，对于维新变法更多的是喊得凶，办法少，而且在关键的时候又回到老路上去。

在接触过了一些京城的官吏之后，谭嗣同产生失望情绪。1896年6月的一天，谭嗣同拜访了著名的帝党官僚，光绪皇帝的师傅翁同龢。这位后来成为百日维新主要支持者的重要人物，虽然承认谭嗣同了解时局，又通洋务，是个人才，但也许是谭嗣同在这位位高权重的老官僚面前没有表现出足够的谦卑，却表现出了恃才傲物的自信，致使翁同龢不大看得惯谭嗣同的言行，认为谭嗣同"高视阔步"，目空一切，不守礼法。从翁同龢对谭嗣同的评价看，当时二人的会面并不十分投机，更谈不上愉快，这让谭嗣同越发失望，他在内心深处也许感到还必须为维新变法寻求新的力量。

当年7月，谭嗣同离开北京，结束了为期五个月的漫游后到达南京。他给欧阳中鹄写了一封长信，将自己五个月的漫游经历以及思想的变化进行了总结。信中，他表达了对黑暗现实的不满，并希望通过兴民权来改变现状。

此次漫游中，谭嗣同再次目睹了贫苦百姓饥寒交迫和贪官污吏狠如虎狼的情景。他在天津看到无数遭受水灾的百姓骨瘦如柴，哀鸿遍野，官吏却幸灾乐祸，残忍歹毒，折磨民众。他在北京的时候，不时听到来自东北的有关民众受灾，纷纷逃往关内，沿途饿死病死之人不计其数的消息，仅山海关一处，每日病死饿死的百姓就数以千计。但无论是钦差大臣还是地方官吏，均无一人过问。如果是过问，那就是进行驱赶和残杀。而那时到西北镇压回民起义的清军，在西宁府滥杀无辜，老迈的妇女和数月的幼儿也无幸免，场面令人发指。京城的官吏，每以相互攻击为能事，拉帮结派，结党营私，党中有党，派中有派，钩心斗角，争权夺利。"谈人之恶则大乐，闻人之善则厌而怒，以骂人为高节，为奇士"，已经到了是非不辨、好坏不分的地步。

针对民众疾苦、官场腐败的现状，谭嗣同提出自己的主张，那就是削君权，兴民权。谭嗣同认为，中国的根本问题在于君权一天天膨胀扩大，民权一天衰微，以致"天下人望天子俨然一天，而天子亦遂挟一天以制天下"，进而衍生出"君为臣纲"的伦理，而这样的伦理，实是最黑暗最没有人性的。谭嗣同进而分析了形成这一现状的原因，指出：君臣之道，都是从秦始皇的专制独裁、愚弄百姓开始的。那些屈服皇上权威，靠皇上的恩赐生活的儒生又从理论上为这种伦理寻找依据并进而对其美化完善，到宋代，帝王的专制独裁以及相关的理论已登峰造极，故后世历代帝王都推崇宋明理学。谭嗣同运用西方社会契约论的观点，对延续了上千年的君臣之道进行分析和批判，指出远古时代本来没有君主，后来为了方便给大家办事，众人才共同推举出一个人作为君主。君主也就是为天下人办事的人，但君主却把自己当成了天下人都应该将自己所有的生命财产都拿出来供其骄奢淫逸的人。自己骄奢淫逸还嫌不足，还要让自己的子孙后代都能骄奢淫逸，如此一来，用来维护其统治的各种严刑峻法就被一一制定出来了。而事实上，君既然是大家共同推举出来，让他为民办事的，如果他为民做事不力，大家也就可以一起将他废掉。谭嗣同从中国古典文化中寻求到民权的根源，认为早在春秋时期民权理论就很广泛。孔子是主张兴民权的，孟子对民主的理论进行了扩充和推演，只是到了后来，帝王出于一己之私，完全歪曲了孔孟的民权理论。谭嗣同此时的论述是希望通过依托古代圣人的名义为兴民权正名。谭嗣同认定，中国民权一兴，政治上的许多弊端就可得以解决，目前这种民不聊生、官吏残毒贪婪的状况也就能得到根治。

醉心佛学和谭嗣同的宗教观

从北京回到南京,南京的情况越发让谭嗣同难以忍受。南京的官场比北京还要糟糕。作为一名候补知府,谭嗣同到南京后所能做的事情是不断去拜访自己的上司和各类官员,而那些官员大摆架子,谭嗣同经常是登门三五次,还难得同他要拜访的官员见上一面,即便是见到了,也往往是被三五句话给打发出来。血气方刚、心高气傲的谭嗣同无法忍受这样的待遇,对这黑暗的官场更是深恶痛绝。他不无感触地说:"官场黑暗,而不意金陵为尤甚。"

贴上一个候补知府的标签,即便是想结识学者,往往也会有诸多不便。南京许多知名的学者一听说谭嗣同是一名候补知府,也大多对他拒而不见。此时的谭嗣同深深地陷入苦恼之中。

当谭嗣同在南京陷入苦恼的时候,他遇到了佛学大师杨文会,于是开始了佛学研究,并进而沉溺其中,形成了自己独具特色的宗教观。

杨文会,字仁山,安徽石埭人。从小就对科举考试不感兴趣,而热衷于练习骑射技击之术。平日里喜欢阅读各类奇书,内容涉及音韵、历算、天文、地理以及黄老哲学和庄周列子之学，对于西方的测绘和地理学问也很有研究。青年时期曾做过曾国藩的幕僚，后随曾纪泽、刘瑞芬两次出使欧洲，考察过英国的政治、机器制造等，对于西方各国的立国富强之道有着自己的领悟。1868年，他退出官场定居南京，在南京创办了金陵刻经处，埋头研究佛学，成为一代佛学大师。

虽然沉醉在佛学研究中，但杨文会思想开明，赞成变法，对维新事业深表同情。他曾预言，就目前的世界局势看，中国的衰败和落后已经到了极为严重的地步，有志之士为此既热血沸腾又痛心疾首，痛恨中国江河日下，不能振兴。不过从发展趋势来看，用不着一百年，中国就会与欧美诸国并驾齐驱。为什么呢？人心所趋导致的。中国目前的情形，如果不变法当然无法继续生存，但一经变法，就能导致人人竞争，个个向上，开始时效法他国，继而同他国争胜，年复一年，日复一日，持续不断的发展，不到登峰造极的境界不会停止。这样的思想让杨文会愿意结交一些具有维新思想的知识分子，而谭嗣同这样的知识分子也乐意同杨文会往来。事实上，在维新变法前前后后，杨文会的门下聚集着一大批有宗教情怀的知识分子，跟随他学习佛学。

很多人认为谭嗣同这段时间沉迷于佛学是因为他开始消沉，是因为他想逃避，是悲观厌世。这样的说法一方面是对佛教本身存在着误解，认为佛教无非就是四大皆空，只能使人消除一切欲望和感情；另一方面是对谭嗣同的内心世界缺乏充分的了解。事实上，佛教除了教人四大皆空之外，还存有一套解释世界的理论，能给人许多启示和解决问题的办法，也能让人获得一种精神的力量。此外，作为一门学问，佛学在晚清时期非常具有影响力，那时期的大部分学者如康有为、梁启超、黄遵宪、汪康年、吴雁舟、夏曾佑、章太炎等都研究过它。按照梁启超的说法："晚清所谓新学家者，殆无一不与佛学有关系，而凡有真信仰者率皈依杨文会。"而谭嗣同早在漫游北京的时候就对佛学产生了浓厚的兴趣。

就在1896年谭嗣同到上海的时候，傅兰雅给他讲解了美国人乌特亨利所著的《治心免病法》一书的内容。这是一本用宗教理论和自然科学来解释人的心理活动的书，其中认为人和社会的一切问题都出自"心"，治"心"就是治本。用宗教教义结合科学技术来治人心，就能使人变好，使社会风气得到治理并让社会获得进步。谭嗣同对于人心问题非常感兴趣，认为这种说法非常有道理。到了北京后的谭嗣同接触了夏曾佑、吴雁舟、梁启超以及吴樵父子等人，这些人除了具有维新变法的思想外，都对佛学很有研究，尤其是夏曾佑、吴雁舟根本就是佛学中人。谭嗣同和他们在一起的时候，对于佛学的讨论很多，受到他们的影响非常大。谭嗣同的用"心力"改造中国社会的想法，就是在那时萌生的。

谭嗣同在总结漫游上海、天津、北京过程时指出，中国的社会问题之一是"人心大坏"，他说西方国家用外在的机器制造货物，中国人在以内心的机器制造劫难。中国坏死的人心就是"机心"，这种"机心"越发达，中国的灾难越深重。而这种由心制造出来的劫难只有通过人心才能解救。办法首先就是去除中国人的"机心"，用慈悲之念开发人心，人心就会变好，中国就会有救。谭嗣同认为，万事万物之中，人为至灵。这种灵就蕴含在人心之中。心的力量虽天地不能比拟，虽天地之大可以由心成之、毁之、改造之，无不如意。很多事情人力可能做不到，但人心一定能做到。就如原本被看成是神化的冬天打雷，夏天造冰，各种神奇的机器飞旋，无非都是人心导致的。他希望通过自己的"心力"来度一切苦恼众生，以"心力"来挽救中国所面临的劫难。谭嗣同在给他的老师欧阳中鹄的信中认为，天下用以解决问题的办法有三种，一种是学问，一种是政治，再一种就是宗教，三者的关系是宗教的内容囊括了学问和政治，宗教的作用先于学问和政治。他说："教不行而政乱，政乱而学亡。故今言政言学，苟不言教，则等于无用。"而宗教正是和人心紧密相连的，故欲用"心力"改造社会，就必须从宗教着手。这些就是谭嗣同到南京后醉心佛学的原因。

梁启超曾热心佛学，就是认为佛学可以涵盖所有，可以用它来鼓铸民众的心灵。他说："天下无不教而治之民，故天下无无教而立的国家。"中国必须有自己的宗教，而这样的宗教必须从中国的传统中引申出来，必须符合中国人的心理惯性。西方的基督教与中华民族的情感隔阂很深，与因势利导的心理习惯相背离，所以不适合中国的国情和民情。佛教从人的内心出发，至大、至深、至微，正好与中国的儒家文化相通，而中国儒家文化的精神和内涵也符合佛教的教义，通过宣扬佛教，正可在中国民众的心目中树立儒家文化的权威。

谭嗣同在学习佛学之前对于儒家文化有过很好的研究，又因为同傅兰雅等传教士的接触，对基督教也有所了解，通过对佛教的基本了解，谭嗣同感受到三者之间都有一个共同的特点，那就是它们中都含有一种强烈的救世情怀。基督教通过一种外在的神秘力量——上帝来救世，儒学通过人的内心修炼提升道德水准来救世，佛教通过修炼感悟拯救自身来救世。三者的区别在于通过不同的力量达到一样的目的。基督教的力量是外在的，而儒学和佛教的力量都是内在的。儒学不像佛学有一个超度，有一个彼岸世界，有一个佛法无边的佛，但同样可以通过修身、齐家、治国、平天下这样的途径一步步推演来达到救世的目标。谭嗣同学习佛学的第一动力，就是佛学中包含的救世情怀。他甚至认为，中国的诸多学问，都包含在佛学之中，甚至西方基督教的精髓和西方科学技术的道理都在佛书中讲到了。而"佛教之精微，实与我儒无异"，"佛，真圣人也"。

谭嗣同醉心佛学，其原本看重的是佛学与儒学的相通以及它的救世情怀，希望通过学习佛学，求得解决中国现实问题的办法。但通过学习和研究佛学，谭嗣同得到的不仅仅是救世之术，他还从佛学中学到了舍生取义，勇于行动，看破生死的精神。

佛教内部派别林立，信奉的教义不同，有人把佛教分为十宗，有人将其分为十三宗。每一宗对于世界的理解都有很大的不同。谭嗣同跟随杨文会学习的主要是唯识宗。

唯识宗特别强调心识的作用，认为天地万物都是心识的变动而产生的不同影像。心一改变，则万物随之而变。人们对于世界的理解完全由心主宰，世界诸多现象不过是心的运行罢了。谭嗣同在研究佛学时，所看重的正是唯识宗有关"心力"的作用。谭嗣同后来在与朋友探讨问题时也时常提到"心力"的作用，认为很多事情未能办成导致半途而废的关键在于他们的"心力"不够。而唯识宗中所强调的大无畏、不怕死等精神力量更为谭嗣同所推崇。

他在给欧阳中鹄的信中说："佛说以无畏为主，已成德者名大无畏，教人也名施无畏，而无畏之源出于慈悲，故为度一切众生故，无不活畏，无恶名畏，无死畏，无地狱恶道畏，乃至无大众威德畏，盖仁之至矣。"也就是说，佛学的内容以无畏为主。已经成就了道德的人可以称其为大无畏，那些教化人的可以称他为施无畏。人之所以能无畏，来源于慈悲之心。只要是为了广大的民众，就不会害怕死亡，不会害怕沾染恶名，甚至不会害怕下地狱，入魔道，不会害怕强暴之力。达到这样的境界，可以说他已经成仁了。

谭嗣同学习佛学以及之后的思想和言论，还使我们感受到他从佛教中汲取勇气和心装天地、服务众生的胸怀。和谭嗣同一起跟随杨文会学习佛学的人都承认，谭嗣同是同门中最杰出的学生，这倒不是谭嗣同经书读得最多，也不是他对佛学研究得最精深，而是他能够把学习佛教同自己的行为结合起来，能够达到佛教里推崇的至高至大的境界。这其中，谭嗣同的大无畏之精神，更是为同辈众人大为推崇，在以后维新变法的过程中，谭嗣同更是把这种大无畏的精神发挥得淋漓尽致。

第 4 章

由保守到激进

——《仁学》及其思想内容

在很长一段时间里,谭嗣同因为深受儒家思想的影响,在论及中外之间的优劣对比时,总是非常自信地认为,中国在制度、文化、道德等方面远胜于西方,只有器物层面上的科学技术落后于西方,所以在学习西方的问题上,只主张学习他们的科学技术和机器生产,在思想层面却上散发着与洋务派"中学为体,西学为用"颇为雷同的保守气息。但随着甲午战争的失败和《马关条约》的签订,空前的民族危机极大地刺激了谭嗣同。残酷的现实和对西学了解的加深让谭嗣同明白,西方的先进是多方面的。而自己进入官场之后所看到的种种腐败,无法再支撑"中国在制度、文化、道德等方面优于西方"的观点。不断高涨的维新运动让谭嗣同热血沸腾。他开始激烈地抨击中国社会的封建制度，提出诸多激进的方案，由此，他最重要的著作——《仁学》便问世了。

《仁学》及其思想来源

经过了对佛学的学习，谭嗣同有了新的考虑问题的角度，也有了对以前的思想和行为进行总结的新的理论方法。他感受到有必要重新梳理以前的学问并对自己以前的思想进行反思和检讨。这样的冲动使得他开始着手《仁学》的写作。他要总结自己，总结历史，总结各种流行的学问，写出一本能够解救中国现有的危机、普度众生于苦难的著作的想法十分强烈。

为了完成这样的著作，谭嗣同显得极为谨慎和庄重。他开始博览群书，苦思冥想；他四处求教，寻师问友；他还开始夜以继日，废寝忘食。每写成一篇，一定会亲自到当时梁启超和唐才常等所在的上海，征询他们的意见，恳请他们批评指正。正是在这样的探索中，谭嗣同最终完成了他最重要的著作《仁学》。

《仁学》共分五十篇，前三十篇为"仁学一"，后二十篇称"仁学二"，加上开首的"自序"和"界说"，共有五万多字。这部著作融会了谭嗣同所接触过的所有学说和他所触及的社会现实，全面表达了谭嗣同的宇宙观、历史观以及对当时社会政治、经济、思想文化、社会风俗等进行改革的见解和主张。由于《仁学》写作的时代背景复杂，谭嗣同丰富的个人经历、学术上的广泛交往，以及谭嗣同锐意求新、不拘成规的性格，谭嗣同的《仁学》具有兼收并蓄的风格特色。又由于《仁学》写作时间短促，谭嗣同自己对许多新的知识，比如西方的科学技术知识、物种进化的理论以及民主理论等，理解得不够全面，领悟得也不够深刻，所以《仁学》没能很好地将各种学说和思想融会贯通，形成自己统一而协调的思想系统，许多观点还略显生涩、稚嫩甚至自相矛盾。梁启超说过，谭嗣同在《仁学》的写作中，试图将科学、哲学、宗教熔为一炉，由此得出一种有利于人生的学问，这样的设想和尝试无疑是极为大胆而又颇具远见的，但就当时的形势和世界学术发展的趋势来看，将这种做法付诸实践的时机还没有成熟。不过，《仁学》虽然存在着这样那样的问题和缺陷，但其锋芒毕露的主张和充满智慧的观点，还是让《仁学》具有很高的学术价值和现实意义。

为了让世人准确地了解《仁学》，谭嗣同在《仁学界说》中对《仁学》的思想渊源作了说明，他说："凡为仁学者，于佛书当通《华严》及心宗、相宗之书，于西学当通

《新约》及算学、格致、社会学之书，于中国书当通《易》《春秋公羊传》《论语》《礼记》《孟子》《庄子》《墨子》《史记》及陶渊明、周茂叔、张横渠、陆子静、王阳明、王船山、黄梨洲之书。"他明晰地告诉世人，《仁学》的思想来源于中国传统文化、西方科学知识和基督教，以及佛教中的某些教派内容。

首先，谭嗣同知识结构中最重要也是最丰富、最深厚的中国传统文化，尤其是儒学，是《仁学》最重要的思想来源。

谭嗣同与那个时代的大多数人一样，主要受到今文经学的影响，而今文经学正是在反对考据学和宋学的基础上兴起的一种学术流派。这一流派反对汉学逃避现实的态度和学术趋向，同时不愿意受到宋明理学的思想禁锢，主张经世致用，在儒家经典中寻求能够为当下的社会服务的思想、主张和方法。谭嗣同的三位经学老师，学问虽然各有侧重，如涂启先偏重于汉学，刘人熙固守程朱理学，欧阳中鹄主张打破汉学、宋学的樊篱，兼采众长，但他们无一例外地强调学以致用，都非常关注社会现实问题，所以他们的学术观点都同今文经学有着密切的联系。而谭嗣同在结识梁启超后，经由梁启超的介绍，对康有为的学术思想有了较多的了解，与康有为的思想产生了强烈的思想共鸣，因而受到的影响非常明显。

谭嗣同的《仁学》中，处处可见今文经学的影子，他利用今文经学来概述自己的进化论的历史观，宣传激进的社会政治思想和道德伦理观念，提出社会前进的原因和动力在于"日新"，在于能否"革故鼎新"。而民主观念也在他今文经学的宣讲中得到阐析。

其次，《仁学》的第二个学术渊源来自谭嗣同接触到的西学。

谭嗣同接触西学的时间比较晚。从1893年开始，谭嗣同才通过一些间接的途径接触到西学，到1895年，才开始较为全面地去学习和研究西学。至《仁学》完成，谭嗣同学习和研究西学的时间不足一年，在这不到一年的时间里，谭嗣同又花费了不少的时间去研究佛学，还从事了许多具体的维新事务，可以想见，谭嗣同的西学功底还很薄弱。不过，谭嗣同对于新知识的渴求和西学给他带来的巨大的思想冲击，还是让他义无反顾地将他并不成熟和深厚的西学知识运用到《仁学》的写作中，并积极地运用西学来指导自己的观点，提出自己的主张。

在《仁学》中，谭嗣同借用了西方科学概念"以太"来解释世界的构成。"以太"最早是古希腊数学家和哲学家毕达哥拉斯提出的概念。到19世纪中期，英国物理学家麦克斯韦在创立电磁理论时，为了说明物质运动的连续性和相互间的联系,将"以太"界定为一种可以传导光、热、磁、电的媒质。此后,"以太"一词就在西方科学界和哲学界被广泛使用。1890年和1895年,傅兰雅先后翻译出版了《光学图说》和《光学须知》两本科普读本,将"以太"假说介绍到中国,谭嗣同在1896年到上海时接触到它,并很快将它运用到了自己的《仁学》中。

在《仁学》中,"以太"成了一种无处不在、无所不能的神秘物质,因为它的存在,世界才得以存在。谭嗣同认为正是"以太"的存在,"法界由是生,虚空由是立,众生由是出",也就是说,自然世界、精神世界和人类社会都是因为先有了"以太"才得以产生的。为了进一步说明"以太"的无处不在和无所不能,谭嗣同进一步解释说:人身上的骨骼、肌肉、五脏六腑、头足手等所以能连接在一起,是因为"以太"的作用;眼睛之所以能看,耳朵之所以能听,鼻子之所以能闻,是因为"以太"的作用;夫妇、父子、兄弟、朋友、家庭、国家和天下都是由"以太"联结在一起的;地球上有无数的物质,这些物质都是由"以太"构成并且由"以太"联系起来的;地球和月球之间的相互吸引,金、木、水、火、土以及天王星、海王星之间的运行都是"以太"作用的结果,都离不开"以太"的存在。总之,大千世界的形成和运行都是因为"以太"的存在。"以太"就是宇宙万物的源头，是决定一切的神秘力量。

谭嗣同在《仁学》中大肆鼓吹和宣传的"以太"，既不是一种物质，也不是一种精神，而是一种神秘的不可言说的东西，它无所不能也无所不在，反映出这一时期，谭嗣同对于世界认识的矛盾性。谭嗣同的"以太说"，不能算是一种科学的解释世界的学说，也不能算是一种系统的合乎逻辑的学说。它只是充分说明了《仁学》的思想来源中，谭嗣同深受西方科学技术和基督教学说的影响。

《仁学》的第三个思想来源是谭嗣同接触不久却已深为折服的佛学。

佛学在清代虽然不是热门的学问，但正如上文提到的那样，几乎所有的晚清学者都或多或少地接触过佛学，并且都对佛学产生过兴趣。这样的风气和氛围，对渴望兼采众家之长来丰富自己并从中提取可以用于解决国计民生问题的谭嗣同来说，佛学也就具有了相当的吸引力。从北京接触了夏曾佑、吴雁舟两位佛学人士之后，谭嗣同的佛学兴趣就一天浓似一天。当谭嗣同在南京结识了佛学大师杨文会后，他完全沉迷在了佛学之中。

谭嗣同写作《仁学》的时候，正是他醉心佛学的时期。他对于佛学中宣扬的"心力"到了近乎迷信的程度，希望通过佛学中的"心力"来普度众生，救民众于苦难之中。谭嗣同正是在佛学教义中，衍生出舍生取义的精神，并激发出"我不下地狱谁下地狱"的慷慨之气。

"冲决网罗"的主张

在谭嗣同的《仁学》中，向来被人们称道并产生了巨大影响的是"冲决网罗"的主张。而在冲决网罗的主张中，又尤以对三纲五常的批判为世人称道。

中国三纲五常的形成有着一套自身的脉络。早在战国时期，韩非子在他的《忠孝篇》里就提出："臣事君、子事父、妻事夫，三者顺则天下治，三者逆则天下乱。"韩非子的主张在秦王朝建立后，在现实生活中推行。到西汉时期，提出"罢黜百家，独尊儒术"的董仲舒运用天人合一的理论将三纲五常进行神化，认为三纲五常是从天道中推演出来的，是符合天道运行的。后由汉章帝亲自召集和主持的白虎观会议辩论的结果集结而成的《白虎通义》，将三纲五常具体化和规范化，明确提出了"君为臣纲，父为子纲，夫为妻纲"，从此以后，三纲五常就成了封建时代统治阶级用以维持自身统治和调整社会关系的不二法门。到晚清的时候，三纲五常仍然是不可怀疑和动摇的社会伦理，虽然它的一些危害在现实社会中时时发生，造成了许多人间悲剧，但那时，整个社会都没有人敢于对它提出质疑，更不要说进行批判。

谭嗣同从自身的痛苦经历中感受到了三纲五常对人性的压迫和束缚。他从西学中获取了科学知识，通过佛教的研习而看破生死，故而能够不受世俗的拘束，不屈服于封建纲常的压力。谭嗣同自己说他看透了生死，正想抛弃躯体而让自己的精神遨游于红尘之外，所以敢于怀疑和嗤笑先贤圣哲，蔑视封建的伦理道德，没有不敢说不敢做的事情。正是谭嗣同关注国家前途和民众疾苦的情怀，让他能够无惧无畏，对一向被认为是神圣不可冒犯的三纲五常发出挑战，发出了惊世骇俗的"冲决网罗"的呐喊。这一主张像轰响大地的惊雷、划破夜空的闪电，极大地刺激了时人的神经，引发了人们对于长期以来被视为讨论禁区的三纲五常的思考和声讨。

在谭嗣同看来，向来披着神圣外衣的三纲五常不过是由人创造出来用以钳制民众思想的一套枷锁。这套枷锁冠以名教，然后君以名教来约束臣，官吏以名教来欺压百姓，父以名教来压制儿子，丈夫以名教来禁锢妻子，兄弟朋友各执一名教相互抗衡。导致的结果是社会等级森严，每人都处于一种受压制的地位。而以名教为基础制定出来的烦琐的"礼"，处处限制着人的自由，人明明不高兴做却强迫他去做，身体明明不便去做却刻意刁难，比如人和人之间的繁文缛节，让本来很亲近的人反而因此疏远，让本来毫不相干的人看上去却很亲密，它不断消磨着人的意志，浪费了人的大好的时光。

谭嗣同对三纲五常的核心三纲——君为臣纲、父为子纲、夫为妻纲进行了逐一的批判，即从学理上对它的基础进行否定，又从现实危害的角度给予了批判。

首先，谭嗣同以中国传统文化中"民贵君轻""民本君末"的思想和西方天赋人权的思想对中国的封建君权进行了批判。这种批判在他给欧阳中鹄的长信中已经开始了，而在《仁学》中，谭嗣同作了系统的论述。

在《仁学》中，谭嗣同指出君的由来是先有民，后有君，君为末，民才是本。这显然是受到西方社会契约论的观点影响。谭嗣同提出的君的产生背景及其与民众之间的关系，打破了中国长期以来封建统治者所宣扬的"君权神授"的学说，消解了封建帝王是"真龙天子"的神话，也就揭穿了君主是上天之所选的谎言。

在谭嗣同看来，民可以共举君，也就可以共废君，君是为民办事的，臣是协助为民办事的。田赋税收取之于民，是用来为民办事的资金。这本是很明白的事情，但在涉及君和民的关系时，很多人就变糊涂了，心甘情愿地接受皇帝的残暴统治。还有很多卫道士把反抗君主的行为视为叛逆。事实上，世间本不存在所谓的叛逆，"叛逆"一词不过是君主创制出来以恫吓天下民众的。而君主也都是从叛逆中产生的，中国有"成则为王败则寇"的古言，反叛而没能成为君主的，自然被扣上叛逆的罪名，而他们一旦成了君主，就自称是奉天承运，受命于天。这样一来，君开始把国家看成是自己的私产，颠倒了君和民的关系，把民众当成了自己的犬马，随意欺压。这样的君主，还要民众以"忠诚"事之，真是不知道羞耻。

在理论上对君民的关系进行分析之后，谭嗣同又回到现实层面，对中国历代的君主进行批判。他说，中国两千年来的君主，实施的都是秦之暴政，都是大盗。与此相关的两千年来的学问，都是荀子的乡愿之学——一种缺乏真正的善恶标准，只以君主好恶为原则的媚俗之学。大盗利用乡愿，乡愿献媚于大盗，二者结合却托名孔教，以此来鱼肉欺压民众，竭尽天下人的膏血供君主一个人骄奢淫乐。君主用酷毒的手段剥夺民众的权利，使其俯首帖耳，不得不接受残酷的压榨。就是这样的君主，竟还以天的名义来压制天下百姓，而天下的百姓，虽然都在被欺压和被残害，但还仰望君主，把他当成是天，认为这是天命使然。谭嗣同认为，"天命"理论和观念必须打破，要认识到每个人都是天的一小部分，人与"天子"没有区别，人人都有自主的权力，天下就是由一个一个的民组成的。那种以天下为私的君主观是残暴、反动、不合理的。

由于君的地位从天上被降到了人间，君和臣及民的关系也就随之发生了变化。原来被封为颠扑不破的君臣之礼，如"死节""忠义"等，都显得荒谬不可理解。君与民的关系，本质上就是民与民的关系，"民之于民，无相为死之理"。君末民本，"本之于末，无相为死之理"，所以民对君的所谓尽忠式的"死节"，没有任何道理。即便承认"死节"有道理，那也是为君所做的事情去死有道理，因为君所做的事情应该是民众自己的事情，为自己的事情去死，情有可原，绝对没有为君个人去死的道理。至于那些残害百姓，把天下所有的民众都当成自己的奴隶，在民众头上作威作福的无道昏君，民众对他就更没有"死节"的必要。至于"忠义"，谭嗣同也给出了不同于一般人的解释。他说，什么是"忠"？"忠"就是中心的意思，让自己居于中心，没有偏见地对待来自不同方面的人。你对我好，我就相应地对你好，你虐待我，我就仇恨你，这就是"忠"。倘若要对君"忠心"，君就要对民"忠心"，如果是一个昏君，是独夫民贼，还要对他忠心，那就是助纣为虐。谭嗣同痛斥秦朝的李斯之流提出的系统化的"忠君"思想，认为他的理论公开为君主的放纵横暴和臣子的奴颜婢膝提供理由，让臣子把对暴虐之君的卑谄献媚当成是忠君，让君主把对天下的残暴当成理所当然。自秦以来的君臣之道真是没有人道，黑暗无比。

谭嗣同猛烈地抨击"君为臣纲"，说出了前人没有说，时人不敢说的话，对封建君主制度无疑是一沉重的打击。他为中国民主观念的传播和民主制度的实施开辟了道路，起到了先锋作用。

谭嗣同对影响更广泛、更加根深蒂固的"父为子纲"也进行了抨击。

中国的父子关系中，"孝"的观念源远流长。孔子伊始，就根据宗法制度的"亲亲"原则，大力宣传"孝"的观念。《孝经》中"百善孝为先"，把"孝"作为人性中善的最根本的内容。后代的封建文人，编纂了《二十四孝》《孝子经》等书籍，宣传灌输"孝"的观念。至汉代，对父亲的"孝"被发展成"父为子纲"的教条思想。

毫无疑问，"孝"的观念在中国社会中有着重要的影响和作用，"孝"道也含有很多合理的成分，对社会的发展与和谐都能产生积极作用。不过，当父子关系通过"孝"道被慢慢固定为"父为子纲"的教条思想时，它就离开了一切正义和真理的标准，成为不讲道理的枷锁，成为社会发展的桎梏。

谭嗣同对于"父为子纲"的危害性有着切身的体会。他的读书兴趣、维新理想，都因父命而丧失。在谭嗣同看来，他父亲的意志违背了自己的意志，自己的心情也非常郁闷，但"父为子纲"的伦常使他不得不屈服于父亲的意志。谭嗣同指出,"君为臣纲"的枷锁是人制定的,因此,人可以抨击、破除它,而"父为子纲"因为父与子之间天然的血脉关系而被认为是天意,以致人们不敢妄加非议,所以"父为子纲"的危害更大,也更难以破除。

为了破除"父为子纲"的伦常,谭嗣同从儒家文化中"仁"的观念和西方"平等"的观念着手,寻求理论的依据。他分析说,孔子认为,君和臣应该是朋友,父与子也应该是朋友。从宗教的角度讲,儿子是天的儿子,父亲也是天的儿子,那么他们就是平等的。他还运用庄子"相忘为上"以及康有为大同思想说明,家庭被破除后,父子关系也就不复存在,他们都成了天民,正如基督教和佛教中所言的父母妻子兄弟都是天亲,都是兄弟姐妹,同为朋友。他甚至认为,父母即便是人们所说的"天",也不能用"天"的名义压制儿子,因为"天"和人的关系也是平等的。

在谭嗣同看来,"父为子纲"与"君为臣纲"一样,都是君、父为了维护自己的特权,用以压制臣、子的不满而制造出来的条规。这一条规从"忠"和"孝"出发,制定了种种不忠、不孝的罪名,将违反了君、父意志的行为定为"大逆不道",从而完成了对臣、子意志的控制和压迫。

对于三纲之一的"夫为妻纲",谭嗣同同样给予了无情的揭露和批判。

在封建的伦理纲常中,"夫为妻纲"是流毒最广、影响最深、对妇女压迫最甚的道德观念。由于几千年来封建卫道士以及无聊文人的"说教","夫为妻纲""男尊女卑""饿死事小,失节事大",如同三座大山,压得妇女喘不过气来。孔子所说的"天下惟小人与女子难养""近之则不逊,远之则怨"等语言,极力贬低了妇女的智慧和道德。后人则以此来宣扬"三从四德",要求妇女"未嫁从父,既嫁从夫,夫死从子",完全把妇女当成是供男子役使的奴隶,终身剥夺妇女的生活权利。宋代时,程朱道学全面鼓吹妇女守节,宣扬封建礼教,从形式到内容,把对妇女的歧视和压迫合法化。清代统治者大力提倡程朱道学,从肉体和精神两个方面残害妇女。

谭嗣同在《仁学》中,深刻揭露和抨击封建纲常对妇女的压迫和残害,大声疾呼妇女解放。他指出:封建社会把妇女当成敌人,将其放置在一种与男性完全对立的位置,禁锢她们,使其足不出户;严男女之大防,使男女不得相见;把她们看成是"鬼物",是"仇敌",还为了自己变态的审美观,强迫妇女缠足、穿耳,残害她们的躯体,并通过各种舆论宣传,禁锢妇女的心智,摧残她们的灵魂。这样做的后果就是,广大的妇女虽身处极低下的地位,遭受各种各样的痛苦，却把那些禁锢她们、残害她们的各种谬论当成是天经地义的信条。女性不仅不敢反抗，甚至根本没有意识到应该反抗。她们的行为稍有越轨，就可能招致种种酷刑，还有的被人玩弄、遭人拐卖、沦为奴婢、流为娼妓、羞愤自杀等等。封建礼教正是杀人不见血的屠刀。

在婚姻方面，封建社会让本非两相情愿的不相干的人强行结合，变成夫妻，束缚其终生。在家庭中，男尊女卑，妇女毫无地位可言，沦为男性的玩物和附属。谭嗣同愤怒地抨击说："重男轻女者，至最暴乱无礼之法也。"男性可以妻妾成群，纵淫无忌。女子则被要求坚守"贞操"，一旦有淫就会获罪处死，最严重的是将女子用沉潭等方法活活溺死，这实在是豺狼不为的行径。

为了批判封建礼教中残害妇女的"贞操"观，谭嗣同指出，"贞操"是男性自私的观念，是不符合天理的。性欲是男人和女人都有的生理需求，是发于自然的，不应该以"淫恶"等罪名来对待它。男人和女人之间的交媾来自两方面的需求，毫无美丑可言。现在封建名教将其称为"淫"，称恶莫大于淫，这不过是人为的定性。淫并不天然和恶联系在一起。如果在人类之初，都习惯把男女媾和看成是一种典礼形式，公行于庙堂、都市和大庭广众之下，像中国的作揖跪拜，像西方国家的抱腰接吻，沿袭到今天，还有谁会说它属于恶呢。

谭嗣同在他的《仁学》中，呼吁男女平等，呼吁把男人和女人看成是朋友。他举例说：孔子就不忌讳让自己的妻子在众人面前出现；而西方社会中，婚姻自由，男女选择自己的配偶，完全是基于两相情愿。在教堂结婚，也完全是自主自愿。至于在中国社会普遍被视为恶的"淫"，既然是人的自然本能，属于自然的生理需要，就不应该避讳它，诅咒它，而应该科学地对待它，应该像西方社会那样进行性方面的教育，使男人和女人都能了解它并对它抱有正确的态度。

谭嗣同对三纲五常的批判和抨击，是他"冲决网罗"主张的重要组成部分，他针对三纲五常的许多观点和主张，言前人所不敢言。其言辞石破天惊，具有振聋发聩的作用。它在理论层面上颠覆了封建礼教的合理性，在现实层面上揭示了封建礼教的邪恶和残暴。所以，谭嗣同对于三纲五常的批判被后人所称道。但有一点必须强调的是，对三纲五常的批判并非谭嗣同所说的"冲决网罗"的全部，它仅仅是一个部分。从现实意义上讲，它对那一时期的政治斗争具有重要的作用，但放置在谭嗣同的思想体系中看，它的地位不应该被放大。

谭嗣同在提到"冲决网罗"的时候，非常明确地指出："初当冲决利禄之网罗，次冲决俗学若考据、若词章之网罗，次冲决全球群学之网罗，次冲决君主之网罗，次冲决伦常之网罗，次冲决天之网罗，次冲决全球群教之网罗，终将冲决佛法之网罗。"不难看出，谭嗣同所要冲决的网罗的范围非常广泛，包括功名利禄、无聊庸俗的学问、不同政治的压迫、世俗伦理纲常的羁绊、天命观念、宗教的束缚，最终突破无边之佛法的笼罩。

从谭嗣同所要冲决的这些网罗看，君主和伦常的网罗仅仅是众多网罗中的一部分，提出冲决君主和伦常的网罗，其终极的目标并非是反对封建的统治秩序和封建礼法的压迫和残害。事实上，谭嗣同冲决网罗的目标在于让人摆脱所有世俗的、学问的、宗教的束缚，使精神进入一种绝对自由的状态。无可否认的是，谭嗣同"冲决网罗"的思想主张，其源头来自佛教中"无相"的观念，追求"空"的境界。倘若进入了"空"的境界，那么一切有形有质的外在力量都不能再对自己构成约束，甚至最高境界的无边佛法，都不能再羁绊自己。这才是谭嗣同所追求的境界，也是谭嗣同宗教和哲学思想的深刻表露。我们可以从政治角度去对谭嗣同冲决君主网罗和冲决封建伦常网罗的作用和意义进行发挥，也不妨碍我们去强调它们在"冲决网罗"思想主张中的重要地位，但如果我们想要从《仁学》中考察谭嗣同的思想，那就必须将"冲决网罗"的主张作全面的整体的研究，探究"冲决网罗"这一主张的终极目标，分析在冲决了谭嗣同所列举的所有"网罗"之后的结果。只有这样，才不至于让我们一叶障目，只见树木不见森林。

《仁学》中的经济思想

谭嗣同是一个具有经世报国思想的思想家，凡涉及政治、经济、文化、宗教等和国家兴亡有关的问题，他在《仁学》中都有所论述。长期以来，人们对于《仁学》的研究，关注点大多放在哲学和政治思想方面的内容，而相对忽略了有关经济方面的思想。事实上，谭嗣同所处的时代，人们看到西方国家的强大，更多的时候是看到了它们经济的强大，对于如何学习西方的经济，早在洋务运动期间，一批具有维新思想的改良思想家如冯桂芬、马建忠、薛福成、郑观应等都提出过自己的主张。谭嗣同当然也注意到东西方经济的巨大不同。他也明白经济对于一国之国计民生的重要性，所以他在《仁学》中，也对经济问题有过不少的论述，提出了自己独到的见解和主张，表达了自己的经济思想。

谭嗣同首先对中国"黜奢崇俭"的消费观念进行了批判，提倡消费生产。

在中国漫长的封建社会发展进程中，由于生产力低下，生活资料普遍匮乏，抑制消费、提倡俭朴向来是经济生活中的主旋律。早在春秋时期，孔子就提出了一套以"礼"为准则的等级消费观。他主张人们的消费应当依据不同人的身份和地位划分出不同的消费标准，而在一个等级标准许可的范围内，在奢和俭之间取节俭的态度。他要求民众要"安贫乐道"，而统治者应该"节用爱仁"。

与孔子同时代的墨子，提出了一套较孔子更为苛刻的消费准则。就孔子的消费观而言，由于存在着等级的不同，人们的消费还可以有所不同。高贵者的消费虽然也当节俭，但相对于地位低下的人来说，却不失为一种奢侈。地位的差异导致消费的奢俭不同。而墨子则主张一种无差等的节俭消费原则。他既反对"奢侈之君"，也谴责"淫僻之民"。他坚持认为，消费应当以生存为唯一的目的。所以饮食只要能够达到维持身体的正常运转就可以了，绝不应该再在"色、香、味"等方面有所追求，更不能贪图美味佳肴，满足自己口腹的欲望；穿衣服以遮身蔽体为目标，不应该去追求服饰的华丽以图炫耀。

稍晚于孔子、墨子的荀子，虽然在他的学说中承认欲望是人性的一部分，并且也承认人有欲望不可避免，但他从一开始就把人的自然欲望定性为"恶"，认为如果人放纵这些欲望会使人丧失人性，变得兽性十足。其结果是：人生来就有欲望，欲望得不到满足就会不停地追求，追求不加限制，就会导致争夺，争夺的结果就是社会动乱，社会动乱则导致贫穷。所以荀子也主张用一切方法去遏制这些欲望，提倡"节用""戒奢""尚俭"，并提出了"节用以礼"的消费原则，认为只有这样，才能使社会秩序稳定，国富民足。

从春秋战国开始，诸多思想家都在自己的学说中提出了"崇俭戒奢"的主张，并把它们同道德紧密地联系在一起，使之成为人人必须遵守的消费准则。"崇俭戒奢"由是成为中国传统消费伦理的基调。

宋代朱熹在他的哲学体系中，提出了"存天理、灭人欲"的道德原则，把一切同肉体有关的享乐统统看成是罪恶，是需要用一切力量去灭绝的。而清心寡欲成为一种道德修养。同这一哲学命题相对应的是节俭成为美德，奢侈成为一种使人堕落的罪恶。朱熹的理学由于符合统治阶级维护其统治的需求，从而成为封建社会占统治地位的意识形态，"崇俭戒奢"的消费观念也就在这个极重道德伦理的社会中，成为始终占据统治地位的消费观念，它不仅得到统治者的大力推行，而且受到民众的普遍信奉。人们用"崇俭戒奢"来指导自己的日常生活并用它作为评价人物的一个重要标准。

明朝中后期以后，随着经济的发展，开始有人反思"崇俭戒奢"的消费观念。明代的陆楫就认为，富人的奢侈性消费能够使商业繁盛，为贫者提供更多的谋生机会。他这样论述自己的观点：天地间生产的财富数量是一定的，你多了一些，别人就相应地少了一些。奢侈是不会导致天下贫穷的。因为奢侈是那些富贾大商以及有钱的大户人家讲究房屋、车马、服饰、饮食方面的行为。他们在饮食上奢侈，那么种粮食的人和宰杀牲畜的屠户们就能得到好处；他们在服饰上讲究，那些纺纱织布的人和从事纺织品买卖的人就能从中得利。鸦片战争后，魏源在消费观念上也坚持"奢能济贫"的观点，认为富人的奢侈正可以损有余而益不足。

谭嗣同承继了魏源的观点并作了进一步的发挥，对"崇俭戒奢"进行了批判，指出它有三大危害。

第一害：提倡天下节俭，实际上是害天下的百姓，使民众永远陷于贫穷饥饿的悲惨生活中。谭嗣同说，如果富人都把钱紧紧地攥在手中，不让它流通，就会让天下人受累。富人今天节省一顿饭，天下就会有人因之挨饿。富人明天节省一件衣服，天下就会有人因之受冻。如果人人节俭，那些家财万贯的人，也同穷人没有两样了。

第二害：提倡节俭，囤积财富，只会浪费天下财物而无利于天下百姓。谭嗣同说，今天有钱的人宁愿让谷物腐烂，让财物浪费，也不肯将财物分给穷人，不愿将多余的钱财拿出来投资办厂开矿，对社会物质生产没有任何帮助。

第三害：节俭会造成社会落后，贫民增多，盗贼四起，贫富分化，财富被少数人垄断。谭嗣同指出，一个富豪，左右邻居及附近的贫穷百姓都要靠他为生。但如果这些人刻薄吝啬，不去消费，自己过着节俭的生活，而将钱财用来放高利贷剥削穷人，利润高出本钱，并在穷人极其艰困的时候借粮来牟取厚利，导致的结果是周围民众的财富都被他侵吞，周边的人不得不沦为他家的奴役并向他家缴纳租税，这样一来，乡里越发贫困，民众不得不流为盗贼，伺机劫掠焚烧，富户也随之化为乌有。就算幸运到这样的事情没有发生，但越是节俭，各种陋习弊端就越多，民智得不到开发，物产不能流动而愈发凋敝。经验教训告诉我们，人人节俭就会导致人人贫穷，人人节俭就会导致天下大势不可维持。

谭嗣同指出，"静"和"俭"这两项被中国长期推崇的行为是天下最可恶的行为，因为静导致懒惰，懒惰导致愚昧，而俭导致陋习，陋习也导致愚昧。静和惰属于暮气，是鬼道；节俭属于龌龊的昏心，是禽道。封建士大夫提倡"静"和"俭"，是要"率天下而为鬼为禽"。

谭嗣同还从世界范围内来考察节俭的危害。他指出，片面地提倡节俭，不仅使具有四万万人口的中国成为极端贫困落后的国家，一切推崇节俭的国家如亚洲之印度、越南、缅甸等，都可能面临灭亡的危险。

鉴于"节俭"所具有的危害，谭嗣同提倡"崇奢"。他所提倡的"崇奢"含有两方面的内容：其一是鼓励民众去开发资源，生产致富；其二是提倡人们积极消费，通过消费，提升生产。

谭嗣同认为，政府不应该害怕民众赚钱获利。西方国家对于矿务、铁路和机器制造，向来不问官民，只要拥有相应的条件都可以随意开办。一人获利，其他人自然效仿，争先恐后，民众自然富裕，国家随之强盛。所以不要害怕民众致富，而应鼓励民众积极地去创造财富。所以理财的人，千万不要一味强调"节流"，更重要的是鼓励"开源"。

至于消费，谭嗣同认为，民众创造了财富，就应该积极地消费，消费水平与生产水平要相一致，两者保持平衡，这样才能促进生产的发展。

那些提倡节俭的人，把天下据为私有，囤积财富不肯消费，使财富阻塞不能流通，进而导致变乱。崇尚奢侈的是以天下为公的人，"崇奢"能够使财物流通，进而达到相对的平均。"崇奢"即便有害，也只对"奢侈"者一家有害而已，其他人却会因此获利，倘若有钱人都不去消费，那么农民、手工业者就无以为生了。所以谭嗣同反对因为"俭"而导致的贫富不平均，因为"俭"而导致的市场不流通，认为经济停滞的根源在于"俭"。他提倡开源致富，满足人们对物质生活的"欲望",因为所谓的"天理",就存在于人的欲望之中,只有满足消费,才能"人之性尽,物之性尽"。

谭嗣同经济思想的第二个方面是主张抑制小农经济,发展机器生产。

中国长期以来的封建社会的经济结构,是"耕"与"织"相结合的自给自足的小农经济。特点是小块土地上使用落后的生产工具进行分散经营;生产水平低下,抵抗天灾人祸的力量薄弱,经济效益低下,对于自然环境和天气的依赖性强,收入极不稳定。这也是中国贫穷落后的重要原因。

谭嗣同对中国社会的经济模式和经济状况进行了如下归结:自给自足的小农经济是一种"柔静"的经济,它追求稳定,不思进取,不知创新求变。在这样的经济模式上衍生出安于现状,追求安逸宁静的文化,这是中国败弱的根源。要改变这种状况,谭嗣同主张"动"的经济。他说"静能亡国,动能兴国"。西方国家经济的活力来自"动"。

为了给"动"的经济寻找理论依据,谭嗣同回到中国传统文化典籍中。他指出,《易经》向来主张"动",并且认为天生万物源于"动",万物之活力来自"动",善治天下运用"动",君子之学,追求"动",革故鼎新依靠"动",社会稳定富强,均出自"动"。但自从老子李耳主张"言静戒动",提出了一套"静"的学说,中国"百端由是废弛矣"。统治阶级开始用"静"来约束四万万民众，捆缚其手足，堵塞其耳目，其结果必然导致亡国灭种。

如何改变中国"静"的经济，将其导入"动"的轨道？谭嗣同主张发展科学技术，用机器进行生产，允许有钱的人自由地设厂、开矿、通商贸易。无论矿业、农业、工业都以机器进行生产，可以带动各行各业的发展。如果有钱人都能用机器进行生产，穷人也就可以赖以生存，物产丰盈，钱币流通，有钱的人也就会更加有钱，国家因此而强盛。

谭嗣同主张机器生产并非自己的独创。早在洋务运动前，冯桂芬、薛福成就提出"以机器殖财"的主张，而洋务派在洋务运动的后期，已经将这样的主张付诸实践。但谭嗣同认为，洋务派的举动还很不够，他们仅仅是引进了西方的机器，生产却受洋人操纵干涉，缺乏独立自主性。中国必须发展自己的机器生产，奖励工艺、优惠商贾、加速制造、积累资金、重点开矿，在各个方面力图赶超欧美列强。

要想在中国发展大规模的机器生产，势必要抑制小农经济的发展。同时必须改变观念，清除小农意识对机器生产的偏见和错误认识。为此，谭嗣同批判了当时流行的一些对机器生产的偏见和疑虑。

那时，人们对机器生产感到好奇，同时带有恐惧，支持和反对机器生产的声音同时存在。反对机器生产的人害怕其带来社会的变动，尤其害怕机器生产导致大量的民众失业破产，作出了"机器夺民之利"的判断。此外，还有人认为，机器生产必然是"机器兴，则物价贵"，而物价贵势必导致民众生活的进一步贫困。

针对这两方面的论调和责难，谭嗣同首先指出机器生产的三大好处：（一）节省时间。中国贫弱的原因在于不懂得珍惜光阴。西方以机器生产、制造、运输，节约了大量的时间，"一世所成就，可抵数十世，一生之岁月，恍阅数十年"；（二）化废弃之物为神奇，创造无数的奇迹；（三）降低成本，提高生产效率。机器生产，犹如延长了岁月，增加了人力物力。

对于"机器夺民之利"的言论，谭嗣同指出，机器与人力相比，可以以一当百，能够极大地增加社会财富，自然也使民众之利增多。他诘问那些声称"机器夺民之利"的人，百人耕种供养一人，与一人耕种供养百人，哪个利更大呢？人们贫穷的原因不在于物产的丰富，而在于物产的匮乏，通过机器生产，可以不断地降低成本、增加财富，根本不应该对它有顾虑，其利国利民的功效是非常大的。

至于"机器兴，则物价贵"的问题，谭嗣同认为，物价贵，说明物有所值。如果民众生产出来的东西不值钱，被迫廉价出售，民众的辛劳岂不付诸东流？物价贵，说明民众的购买力高，民众只有在富裕的情况下才能适应高物价。而且物价的高低，同民众看待自己生命的轻重有关系。太平盛世，百姓都丰盈富足，爱惜生命，不肯多用人力，人力也就受到爱惜，制造出来的物品价格也就昂贵。如果不贵，民众就不会去生产。如果民众都富裕了，多花一些钱又有什么呢？只有物价贵，才能刺激人们生产的热情。而生产的物品多了，价格自然也就降低了，物价一低，人们就会想办法来改变旧有的生产方法而使用新法，社会就会在这样的循环中得到繁荣。

谭嗣同经济思想的第三个方面是提倡中外通商，互利合作。

中国封建时代，向来重农抑商，看不到商业与经济之间的关系，认为商业不会增加社会财富，只是少数人渔利的手段。从秦朝到清朝，历经两千余年的时间，统治阶级始终没有改变轻贱商业的态度。虽然19世纪60年代，郑观应、薛福成、马建忠等提出"商战"的口号，要求在中国发展工商业，但统治者对商业的偏见没有改变，中国之商业一直没有获得政策的支持，当然也不会获得应有的发展。

谭嗣同认为商业是一种互利的活动，可以互通有无。西方国家同中国贸易，将物品运到中国，中国从中受惠。他们同时希望从中国得到自己想要的东西，带回自己的国家，以有利于自己的国家。西方国家拿走了中国的货物,自然就留下了货币。即便是没有留下应该留下的东西,那也是因为中国自己工艺不兴,商业不发达,自己的货物不能与他们的货物相抵。如果中国一直处于一种不发达的状态,货物就会一直低贱,无法同西方商品竞争,进而导致一切依赖他人,自然无利可图。

对于中国一批顽固不化的守旧分子动辄"闭关绝市"的主张,谭嗣同给予了坚决的批判。他认为,工业和交通的发展已经将世界连为一体,中外门户不复存在,中外互通也成为不可阻挡的趋势。中国只有振奋精神,积极进取,在中外通商中获利,才能有机会击败敌国。而且中外通商,不再是权宜之计,也不是可有可无的"蝇头小利",而是关系到国家命运的大计。试图"闭关绝市"的主张,不仅没有道理,在现实中也行不通。

《仁学》中的哲学思想

《仁学》是一本内容丰富而庞杂的哲学著作。想要对《仁学》中的哲学思想有所了解,两个概念的把握必不可少。这两个概念就是"以太"和"仁",整个《仁学》中的哲学思想是在这两个核心概念下展开的。

有关谭嗣同从西学中借鉴而来并将其作为构成世界的最原初物质的"以太",上文已经作过介绍和分析。这里就谭嗣同所说的"仁"作一简单介绍和分析。

"仁"作为中国传统文化中极为重要的概念,本来含有非常广泛的道德内容,是孔子提出用来概括"恭、宽、信、敏、惠、智、勇、忠、恕、孝、悌"等诸多道德标准和内涵的概念,其中心含义就是"己欲立而立人,己欲达而达人",也就是孔子常说的"仁者爱人"。后世对于"仁"的解释和理解多有变化,以致再谈起"仁"的时候,很难给出确定的内涵。

谭嗣同所讲的"仁"具有鲜明的时代性,也带有谭嗣同思想本身的独创性。在他的《仁学》中,"仁"既是一个思想体系,一种宇宙观,一个学术概念,同时又是一种实践的力量和目标,表现为无畏、平等、超越等。谭嗣同将自己所接触过的学说中积极的成分包括孔子的大同思想、基督教的慈悲博爱、孟子的民主观念、庄子的绝对自由、法国大革命的精神、佛教的超脱等统统纳入"仁"的范畴,而把与之相对立的范畴统统看成是"异端邪说"。

倘若我们武断一些,强行将谭嗣同的"仁"的内涵作分析,那么"仁"应该具有以下六个方面的意义。

(一)"仁"是万事万物之源,是天地之始。它是"以太"的外在表现，也是人认识"以太"得出的结果，也就是万物在人"心"中的一个反映。

（二）"仁"是人际关系的准则，同时也包含人与物之间的关系准则。这就回到了孔子所说的"仁者爱人"。

（三）"仁"就是通，也就是平等，是我与他人的平等，是所有人的平等，是宇宙万物的平等。谭嗣同在《仁学》中说："仁以通为第一义。"这是一个实践的目标。

（四）"仁"是"心"的外在表现，也是人性善的表露。

（五）"仁"表现为"日新"，也就是说"仁"具有不断向前的趋势和动力，能够促进万物不断地进化。

（六）"仁"的精神在于"冲决网罗"，冲决一切影响平等的桎梏，达到"通"的境界。

谭嗣同的哲学就是在"以太"和"仁"的关系上展开的。谭嗣同在《仁学》中明确指出，要想理解《仁学》，就必须明了"以太"的体和用。

谭嗣同认为，"以太"和"仁"的关系，就是体和用的关系。"以太"是体，"仁"是"以太"的用。谭嗣同举例说明：有物体突然和我的身体接触，我能感觉到。如果接触得较重，我会感到痒或痛。是什么感到痒和痛？是大脑感觉到的。物体接触到的是手足等，不是大脑，大脑怎么会感觉到呢？那就像电的原理一样，脑气筋（神经）布满全身就如同电线四通八达，大脑小脑是电线的总汇，一旦有所接触，电线就会传递信息给大脑，于是感觉到了痒和痛。如果电线坏了，不能传递信息至大脑，身体就瘫痪了，也就是医生所说的麻木不仁了。这里，谭嗣同将"以太"比作大脑以及连同大脑的神经，而畅通就是"仁"。换言之，"仁"具有类似于电线导电的性能和传递信息的作用。转换到宇宙整体上来看"以太"和"仁"，谭嗣同认为"以太"作为万事万物的根源，构成了万事万物，它的"用"，也就是本身具有的属性，是"通"，"通"就是"仁"。

在这里，谭嗣同提出的"以太"和"仁"这一对体和用的概念，取代了此前人们提出的"天理"和"网罗"，指出宇宙万物是由"以太"构成的，而不是天理构成的，"以太"的属性是"仁"，也就是"通"，天理的属性是"塞"，也就是"网罗"。宇宙万物只有其属性得以彰显，也就是万物相通，整个宇宙的运转才能顺畅，社会才能和谐有序。而与"通"相对的"塞"——"网罗"，正是导致社会问题发生的根源。它表现在天理上是人性之塞；表现在君主专制制度是上下之塞；中国外国兵戎相见，是中外之塞；父子反目、夫妇不和是家庭伦理之塞。要解决中国所面临的社会问题，必须拔"塞"疏"通"，至于平等。只有铲除了各种各样的不平等，美好的大同世界才能到来。所以谭嗣同提出的"以太"和"仁"的体用关系，其哲学本义在于对封建社会的批判和否定。

为了服务于自己的哲学本义，谭嗣同在《仁学》中对"名"与"实"、"知"与"行"这两对哲学概念的关系提出了自己的观点。

就"名"与"实"的关系，谭嗣同提出"名"与"实"无关的论点。谭嗣同认为"名"是人们随心所欲地创造出来的，带有偶然性、随意性、不确定性。对于任何具体的实物，在最初如何称呼它都可以。"名"本就没有实体，人们创造了"名"，它才有了实体。"名"本身是没有意义的，在你没有认识事物的本体之前，你根本无法确定"名"是什么，也非常容易被它扰乱。

为了把这一观点说清楚，谭嗣同举例说：比如我所说的仁学，就是名，名没有存也没有亡。如果在最初的时候，不把它称为仁学，"仁"和"学"被称作马或者牛，也是可以的。道如果被称为屎溺，佛法被称为干屎橛，都是可以的。

既然"名"与"实"没有关系，就不必看重"名"，更不必为它"正名"。在中国儒教传统中，孔子非常重视"名"，提出"正名"思想，就是要对"名"给予相应的规定性，让"名"含有具体明确的内容。但中国的道家文化就不看重"名"。老子说"天地始，无名"，也就是说在天地之初，任何物品都没有"名"。庄子则说"圣人无名"。谭嗣同承继了老庄的无名思想，认为"名"不应该是圣人去争夺的东西。他对"名"采取旁观、漠视的态度。当西方的基督教因为西方传教士的努力而不断在中国流行的时候，许多人担心西方宗教的不断传播会让中国的儒教灭亡，所以提出"保种、保教"。谭嗣同却非常坦然地认为，中国的儒教不会灭亡，充其量不过是儒教的名字消亡了，但儒教的内容不会亡。也就是"名"亡"实"不亡。如果儒教真的会亡，那就说明儒教的内容已经不再适合社会的需要，亡了也不足惜，用不着去保。正如今天儒教的名称早就不存在了，但儒教的许多思想却在不知不觉中发挥着作用。因为谭嗣同认为"名"和"实"无关，所以不必要看重"名"。

谭嗣同在"名"和"实"关系上持有的观点，同他看到的社会现实中的"名""实"状况有关。在谭嗣同看来，"名"在很多时候成了统治阶级用来束缚民众的心理、钳制其思想的工具，同时是一些保守势力反对变法，拒绝新思想的挡箭牌。更有甚者，它成了一些不良分子欺世盗名最好的保护伞。谭嗣同在反对名教，反对伦理纲常方面就直接指出，作为社会最高标准的"仁"，因为"名"的混乱而受到损害。"仁"的本义被扭曲，俗学盛行，动不动就以名教压人，让人们对此等俗学敬若神明，不敢有所怀疑，不敢有所逾越。谭嗣同对以名教之名出现的三纲五常非常痛恨，一针见血地指出，君臣关系的危害已经非常厉害了，而父子、夫妇等伦常关系就是把各执一名相互钳制视为当然。这就是三纲之名能够危害社会的原因。因为有"名"份，不仅能够压制民众使其不敢言，还能够禁锢他们的思想让他们不敢想。愚民的方式，没有什么比设定门类繁多的"名"更有效了。

谭嗣同认为，要想提倡、传播新的思想，更新守旧派钳制人民的观念，必须从揭示"名"的实质开始。只有撕下统治阶级以及卫道士所设定的各种"名"的面纱，才能让那些长期以来被"名"所蒙蔽的民众看到事物的真相，破除对原有各种封建纲常的迷信，接受新的思想。与此同时，谭嗣同还通过分析"名"和"实"的关系，将洋务派从事的有名无实的假变法揭露出来，将顽固派固守祖宗之法，排斥一切变法思想的理论依据摧毁，为新思想的传播扫除障碍。

谭嗣同在《仁学》中分析的另一对关系是"知"与"行"。谭嗣同首先对"知"和"行"进行了界定。他说："知者，灵魂之事也，行者，体魄之事也。"也就是说，"知"是人的精神活动，"行"是肉体的实践行为。这两者的关系，被谭嗣同截然分开。他不把"行"（实践）看成是"知"（认识）的基础，也不承认认识从实践中来。这颇有些类似老子所说的"圣人不行而知，不见而名，不为而成"，把"知"完全看成是通过空想就能得来,或者是人头脑中固有的东西。

对于"知"和"行"的性质,谭嗣同认为,人的实践是有限的,而认识却是无限的,行有穷尽的时候,但认识没有穷尽。而且人的实践无法到达认识的程度,更不可能完全验证认识,这是没有任何办法的。在这里,谭嗣同把人的精神活动看成是完全超越实践,超越时间和空间的活动,而实践却受到时间和空间的限制,无法影响人的认识活动。谭嗣同的观点又在很大程度上类似于庄子的说法。庄子认为,自己的生命是有限的,但认识是无限的,想用有限的生命去追随无限的认识,那是危险的。通过上面的论述,我们不难看出,谭嗣同在"知行"观上接纳了老庄的思想,具有非常强的消极色彩。

由于分裂了"知"和"行"的关系,谭嗣同在如何能够获得"知"的观点上完全陷入了唯心主义之中。他一方面受到中国传统文化中唯心观念的影响,比如董仲舒、王弼等都认为通过自我反省、个人修行就可以获得"知",而不需要通过亲自的实践;另一方面又深受宗教影响,认为依靠心的活动,可以悟道,可以致知,宗教就是人求知的途径和方法。毫无疑问,谭嗣同希望通过宗教的修行和神秘的直觉来强化心的作用,依靠心来获得认识。

由于认定"行"是有限的,"知"是无限的,志向远大而又心高气傲的谭嗣同在内心深处当然不愿意将自己局限在有限的活动上,所以他说:"吾贵知,不贵行也。"也就是说,谭嗣同看重的是精神活动而不看重实践活动。谭嗣同认为,"知"来源于"以太",那种既非物质也非精神的神奇之物"以太",能够将它的功用"仁"发挥到没有止境的程度,从而产生一种极高、极深、极远的"知"。

谭嗣同对于"知"和"行"关系的观点,包括他重视"知"而不重视"行"的态度,有许多学者认为,这和他那个时代的形势有着密切的关系。谭嗣同那个时代的绝大部分知识分子,由于力量薄弱,对那时虽已衰颓但仍保持着相当权势的反动势力缺乏战胜的勇气,所以在"行"的问题上采取逃避和退让的态度,而在"知"的问题上拼命鼓吹。他们希望通过宣扬"知"来求得精神的解放,并通过鼓吹"知"来唤醒那个时代。谭嗣同当然也具有那个时代知识分子的局限性。这样的说法似乎有些道理,但仔细考察谭嗣同对于现实状况的大无畏的批判精神,以及之后在变法过程中表现出的激进和坚定,这样的说法就显得有些勉强。考虑到谭嗣同受到佛学的影响较大,那么,与其说是他缺乏"行"的勇气,毋宁说是他不屑于用有限的"行"去追求无限的"知"。

谭嗣同在寻求认识世界的途径时,否认实践活动的有效性，也不认为直接经验是可靠的。他认为，要凭人的感觉器官去认识复杂多变的世界是不可能的。他说：人的眼、耳、鼻、身所接触的，称为色、声、香、味、触而已，但世界（包括法界、虚空界、众生界）是无量无边的，其中所有的事物，绝不仅仅这五类而已，仅凭人所有的五官身体来随意推断无量无边的世界，妄断其中的有和无，怎么可能？

很显然，在谭嗣同的思想中，有一个"有限"和"无限"的对立。世界是广漠无限的，人的感知觉是有限的。用"有限"去认识"无限"根本就不可能。在这样的逻辑下，谭嗣同放弃了通过人的具体实践来认识世界的愿望，转而去寻求一种神秘的、无限的途径来认识世界。他所能找到的途径就是佛教中所宣扬的"悟性"，或者称为"慧根"。

谭嗣同不仅认为用有限的感知觉来认识无限的世界从逻辑上是不可能的，他还强调，有限的感知觉所能获得的有限的知识也是靠不住的。因为事物处在不断的变化过程中，人只能知道刹那间的事。比如耳朵听到声音，往往是在你听到它的时候，它已经过去了。像雷电，人先看到电闪，而后才听到雷声，那只是因为人听到的时间大大滞后了。再如山谷中的回声，当人听到它的时候，发声的时间已经过去很久了。至于人的眼睛看到的东西，也是靠不住的。比如悬挂的虱子，看得时间长了，就可能像车轮般大小；床下的蚂蚁，看得久了，可以大如牛头。所以耳朵听到的和眼睛看到的都是靠不住的，同理，鼻子闻到的、舌头尝到的、身体接触到的也是靠不住的。这里我们清楚地看到，谭嗣同看不到事物具有的相对稳定性以及质的规定性，从根本上否定了感性认识的可靠性，也就否定了人可以通过实践获取知识的可能性，从而陷入一切都是相对的虚无主义。

此外，谭嗣同还从"名"无定性出发，认为"名"不能反映事物的真实本性。他说名是随着权势、习俗等外在事物的变化而变化的，没有固定的名，只有混乱的名，所以名也就完全靠不住，人的知识在很多时候依靠名来获得，故而也是靠不住的。

总之，谭嗣同不相信人所具有的感知觉，也不认为通过人的感知觉获得的直接经验是可靠的；一切都处于一种相对的状态，没有确定不移的事物，更不可能通过实践获得可靠的知识，人只能靠佛性来认识世界。

《仁学》中的佛教思想

谭嗣同的思想在1895年前后发生过一次巨大的变化。这一变化表现在谭嗣同的思想由保守转为激进。许多研究谭嗣同思想的学者认为，谭嗣同思想的转变，主要原因在于他受到甲午战争失败的刺激以及接触了西学。但不可否认的是，佛教在此过程中，也对谭嗣同产生了巨大的影响，让谭嗣同与之前相比有了完全不同的世界观、人生观和方法论。谭嗣同开始用佛教理论来理解世界的本源、属性和人生的意义问题，开始使用佛教分析世界、解释世界的方法来考察社会。冲决各种网罗的主张，正是谭嗣同在对"空"的自身理解上产生的强烈渴望。

前文已论述过，谭嗣同学习的佛教主要是大乘佛教。大乘佛教经由杨文会的倡导、研究和散布，在清晚期产生了巨大的影响。杨文会提出学佛应以"信""解""行""证"为进路。"信"就是坚定的信仰，"解"就是对佛学要有正确的领悟，"行"就是要进行实践，"证"就是体证。结合到一起就是学佛的人要对佛有坚定的信念，然后通过自己的慧根来正确领悟佛学的要义，再通过身体力行，把佛学的要义付诸实践，依靠自己来印证佛学的真理。大乘佛教的要义归纳起来有如下六个方面：

（一）不但要求解脱自身，而且要解脱一切众生，在使众生成佛之后，自己才能成佛。这也就是要通过超度他人来超度自己。

（二）对佛和菩萨进行神圣化，把他们看成永远不死的神祇，把佛陀视为神通广大的圣者，他们都法身无尽，智慧无穷。但在提倡人们崇拜佛、菩萨时，强调的是重视和学习他们的精神。

（三）强调入世，不强迫出家修行，不出家的居士一样可以参禅悟道。宣扬一种在世间就可以成佛的修行办法，适合广大凡夫俗子学习佛教。

（四）对于法性——事物的内在本质，有着深刻的论述，具有非常深邃的哲学思考。

（五）宣扬众生平等。

（六）把外在的世界看成是空幻的，不真实的，一切事物的本性就是"空"，只有脱离有形的羁绊，灵魂才能超脱，进入"空"的世界。

谭嗣同接受佛教，非常看重其宣扬的"众生平等"的观念和主张。在佛教中，平等是一个非常重要的观念，也是佛教所要达到的一个目标和境界。《金刚经》中说："是法平等，无有高下。"认为对众生应一同对待，没有差别。佛教中将阎魔王称为平等王，因为他公平掌管罪福之业，毫无偏心。而在如来佛的四智（成所作智、妙观察智、平等性智、大圆镜智）中，就有平等性智，也就是觉悟自己和他人他物平等的智慧。佛的意愿就是平等，佛的一切说法都贯彻着众生平等的方针。佛经《往生论》中说"平等是诸法相体"，也就是说平等是所有佛法的本真。《华严经》中说："是智是唯一佛智,即平等智。"天台宗认为,众生平等无二。所以佛教从根本上认为,所有人类在本质上都是一样的,都具有佛性,因为佛性受到污染,才生出各种影响平等的"障",导致不平等的产生。

谭嗣同在他的人生经历中,遭遇到太多的不平等,自小经历的家庭中父子、夫妻、妻妾的不平等,漫游过程中看到、体会到的官民不平等,中国人观念中以及现实中中国外国的不平等,婚姻家庭中的男女不平等。谭嗣同对于这些不平等有着切身的感受,并深受其苦。他渴望通过自己的努力,消除现实中的种种不平等,实现佛教所提倡的众生平等。

在谭嗣同看来,现实生活中的不平等是由差别导致的,这种差别在现实中表现为:我与他人的差别,上下等级的差别,男人女人的差别,中国外国的差别,等等。差别就是佛教中所说的"障",消灭这些差别,也就突破了"障",就可以进入"通",实现"中外通、上下通、男女内外通、人我通",也就实现了佛教中宣扬的"众生平等",人与一切外物"圆融无碍"的境界。

那么现实中的差别是如何产生的呢?谭嗣同认为,差别产生的根源在于"名",也就是事物的命名。如果没有对万物的命名,则一切都是浑浑噩噩的,一切都是虚空的,一切也就是平等的。没有名就不存在男人女人,没有名就没有父母儿女、兄弟姊妹，没有名就没有中国人、外国人，没有名就不会有长辈、晚辈，没有名就无法进行区分，自然就不会有差别。在谭嗣同看来，名是由人定的，并不是真实的。有了名，就有了对立和区别，也就有了不平等。

如何破除现实中的不平等现象呢？谭嗣同提出，达到平等有两个基本的条件，就是破除佛教上所说的"法执"和"我执"。破除"法执"就是要消除自然和社会中对立矛盾的现象，达到相互融合，没有对立的境界。破除"我执"，就是要忘却自我，养成平等性智。"我执"就是因为时时想着"我"的存在，以致把"我"和"他"区别对待。只有忘却"我"的存在，才会有我和他人他物的相通，才能达到人我的平等。

那么依靠什么力量来破除"法执"和"我执"，消除现实的差别，达到"圆融无碍"的境界呢？谭嗣同希望通过佛教中所宣扬的"心力"来解决问题。在大乘佛教中，不同的宗派都提到"心"，如禅宗的"本心"、华严宗的"真心"、法相宗的"质多心"等等。并且认为，一个人对外部世界认识的进程，以及人生痛苦的解脱，它们终极依托的形式，不是依靠外在的力量，而是依靠人的"自心内省"。天台宗主张"一念三千""一心三观"，《华严经》强调"三界唯一心，心外无别法"，法相宗认为"万法唯识，万法唯心"，禅宗更说"即心是佛"。他们都强调了"心"的作用,证明"心力"具有不可思议的无坚不摧的精神力量。

谭嗣同深信"心力"可以解决现实中的所有问题。他在《仁学》中,采用了多种途径证明"心力"的巨大能量,把"心力"扩大到可以"涵盖乾坤"的无限状态,同时还表达了自己对"心力"的终极依托和坚定信念。他希望通过"心力"来挽救中国的劫难,通过"心力"来解救一切苦难众生。他说:"夫心力最大者,无不可为。"他还认为,中国社会的一切问题都来自中国"人心坏",想要解决诸多的社会问题,只有去改造"人心",让"人心"的无穷力量转向善的方面,一旦这种转变得以实现,一切问题都可以解决。

在人的生死问题上,谭嗣同相信佛教中所说的轮回,生死相继。佛教中说,万物都是相对的,不是一,也不是二,不会中断也不会永恒,能够生能够死,即时死即时生。谭嗣同在《仁学》中,承继佛学的这一观点,认为生就是死,死就是生。万事万物都在刹那间生,在刹那间死。认为我活着,我马上就死掉,认为我死了,其实我还活着。

事实上,长期以来生死一直是一个困惑着谭嗣同的问题。从小到大,谭嗣同经历了太多的生死问题。他最为亲近的人,包括他的母亲、姐姐、大哥、二哥、侄儿,还有不少称得上至交的朋友都因为各种各样的原因在不应该去世的年龄死去。这样的遭遇和打击，长期伴随着谭嗣同，在他的心灵上产生了挥之不去的阴影。佛教中"生就是死，死就是生"的观念引起了谭嗣同的强烈共鸣。生即是死，死即是生，这一具有物质不灭内涵的结论，可以让多次失去亲人的谭嗣同感觉到他的那些亲人用另外一种方式获得了新生。

谭嗣同为了寻求一种永恒，在他的《仁学》中借鉴了"以太"这个西方科学的概念，认为它是一种时时变化、有着各种形态但却不生不灭的东西。谭嗣同用它来解释和理解世界，同时也隐含着对生命的理解。人可以有生有死，但这只是在形态上发生了变化，内在于人的肉体的灵魂却如"以太"一样，不生不灭。那些离开了谭嗣同的亲人，他们用另外一种形态保持着和谭嗣同的关系，他们也是永远存在的。谭嗣同这种对待生死的观念和态度，实际上表达了他内心的一种强烈的渴望，渴望那些离开了他的亲人，用另一种方式存续他们的生命。而自己的生命也不会因为肉体的消亡而彻底消亡。这样，谭嗣同依靠佛教之教义，堪透了生死，既不会再为失去亲人感到绝望和悲伤，也不会再为自己随时可能到来的死亡而恐惧，他相信人的肉体和精神中，存在着构成世界的不生不灭的物质——"以太"，这样就可以在面对死亡时获得一种信念，一种不会彻底消失的信念。死亡只是生命形式的一种转换，而自己以另外一种形态在其他地方存续下去，所以在死亡面前，他可以表现出一种从容和淡定。

《仁学》的影响力

谭嗣同在《仁学》写成之后，考虑到书中的观点在当时的形势下过于激进，言辞过于激烈，可能造成惊世骇俗的影响，所以并没有马上拿出来发表，而是深藏家中，只让唐才常、梁启超、宋恕、章太炎等少数情投意合的朋友看过。直到谭嗣同就义后，维新派人物在日本创办的《清议报》和上海的《东亚时报》才于1899年1月开始用连载的形式刊出《仁学》的章节，花费了近三年的时间才刊载完毕。《仁学》的单行本直到1901年10月才得以出版发行。

谭嗣同的《仁学》对中国的思想文化从上层建筑到经济基础，从纲常伦理到宗法观念，从君主专制到考试制度，都进行了全面的批判。这种全面的批判让追求革命的知识青年对中国的现状和存在的诸多问题有了更清晰的认识，对革命应该完成的任务更加明确。而谭嗣同在对现实的批判中所表现出的大无畏精神，更是给了他们巨大的鼓舞。他们从《仁学》对清政府的批判中明白了推翻清政府的重要性，从《仁学》所宣扬的自由、平等、博爱及个性解放的思想中获得了思想武器。

因为《仁学》是将西方科学技术、中国传统文化、西方的进化论、基督教和东方的佛教等多种思想理论融合在一起的新型的哲学著作，所以其中包含了丰富而又或多或少有些矛盾的思想。这为青年知识分子提供了多种可能的选择。而其惊世骇俗的观点、振聋发聩的口号以及普度众生的宗教情怀无一不给时代青年带来动力。在谭嗣同的那个时代，有着诸多的学者、理论家和思想家，他们之中有的学问比谭嗣同做得更为精深，有的思想理论更加系统、更加成熟，有的逻辑更为严密，思考更加全面，但没有人比得上谭嗣同的尖锐和激进，更没有人比得上谭嗣同的勇气和果敢。梁启超就曾评价说，谭嗣同的思想是他们所达不到的，谭嗣同的言论更是他们所不敢说的。梁启超后来通过政治历史小说《新中国未来记》，进一步回忆和评价谭嗣同，说他在上海的时务报馆遇到谭嗣同先生，那时谭嗣同刚刚写成《仁学》一书，也只有两三个人看过这本书。他就在当天抄了一部，当成宝物一样带回去珍藏。后来在船上和另一位朋友仔细阅读，读了一遍又一遍，每读一遍都让自己受到巨大鼓舞。梁启超称《仁学》是思想界的"旋风"，放射出思想的万丈光芒，对他的一生都有着巨大的影响。

因写作了《革命军》而蜚声中外，被称作"革命军中马前卒"的邹容，毫不隐讳自己所受到的《仁学》的影响。他把《仁学》称为维新运动的"《圣经》",说它对自己影响巨大,自己撰写的《革命军》就从《仁学》中汲取了很多的政治营养。

谭嗣同的好友之一皮锡瑞,在报刊上阅读了《仁学》后,惊叹地说,这是一篇惊世骇俗的文章,作者真是一位有着大智慧大勇气的人。

革命党人冯自由把谭嗣同列为孙中山创办的兴中会的革命同志,赞扬《仁学》一书在提倡排满和改造社会方面产生了巨大影响。

革命党人一直把《仁学》作为他们宣传革命的重要作品。他们通过自己创办的国民报社出版发行《仁学》的单行本,并在创办的刊物《黄帝魂》中选录《仁学》的内容进行宣传。这使许多革命党人在那个时代都受到《仁学》的影响,在《仁学》的激励下开始了革命活动。

吴樾则通过《仁学》受到了"任侠"思想的影响。他对谭嗣同在《仁学》中所称的"志士仁人,求为陈涉、杨玄感,以供圣人之驱使,死无憾焉",以及"若其机无可乘,则莫若为任侠,亦足以伸民气,倡勇敢之风,是亦拨乱之具也"的语言非常信服。《仁学》中提倡的江湖义气和快意恩仇的侠士做法给予了他理论和精神上的鼓励。

毫无疑问,作为维新派成员的谭嗣同,他的《仁学》在很大程度上成了革命派的思想资源和宣传工具。20世纪初的许多追求进步的青年是读着《仁学》加入革命阵营的。这样的影响让原来的维新派,后来成为保皇派的康有为等人大为不满。他们先是将《仁学》中有关排满、任侠等方面的激烈言论删除,使其符合保皇派的口味,后来又由康有为下令《清议报》将《仁学》毁版,并将《仁学》列为禁书。由此更印证了《仁学》在20世纪初期适应了革命形势的发展以及它对革命党人的影响。

第 5 章

坐而言不如起而行

——维新变法的具体实践

谭嗣同从来就不是一个空头理论家，也不仅仅是一个思想者。对民众疾苦的关心和对国家危难的忧患，让谭嗣同成为一个积极的行动者。当维新运动的高潮到来的时候，谭嗣同全身心地投入了具体的实践中，在上海、南京和他的家乡湖南，通过筹建时务学堂、组织南学会、创办《湘报》、开设企业等一系列在他看来有利于国计民生的活动，极大地推动了维新变法运动。

穿梭在上海和南京之间

谭嗣同在撰写《仁学》的过程中，不断地往来于上海和南京之间，同梁启超、唐才常等讨论《仁学》的每一个章节。此时的上海，维新变法的风潮不断高涨，对谭嗣同的吸引力也越来越大。

上海作为近代中国最具开放性的城市，它繁荣的经济、别具特色的政治和海纳百川的包容性，让它充满了活力。当北京的维新变法形势因为顽固派的打压而处于沉寂的时候，大批富有革新精神的知识分子纷纷南下上海，在上海通过发行报纸、创办学会等方式，掀起了维新变法的高潮。当时在上海的知名人物有梁启超、夏曾佑、宋恕、汪康年、章太炎、孙宝瑄、吴雁舟等。1896年8月，汪康年、梁启超等创办了《时务报》，由梁启超担任主笔。这份报纸在刚刚创办的时候，顽固派和社会上的保守势力群起而攻之，处境异常艰难。不过，经过维新派人士的一致努力，尤其是梁启超依靠自己的才华，用浪漫而富有哲理的文笔和特有的深入浅出的叙事方式撰文，《时务报》还是办得有声有色，在不长的时间里风靡海内，发行量达到一万多份，最多的时候达到两万余份。这是中国自从有报纸以来从未有过的业绩。在此过程中,谭嗣同也为《时务报》的创办和发行倾注了自己的心血。

首先,谭嗣同对汪康年、梁启超等创办《时务报》表现出了极大的兴趣,并给予了他们精神上的支持和鼓励,对顽固派和反对势力的刁难和攻击给予了坚决的斗争。他不断到上海同梁启超、汪康年等人见面,还时时与他们保持书信的往来。在汪康年主办《时务报》期间,谭嗣同就给他写过二十几封书信,鼓励他说,在今天的这种局势下,我们所能做的事情,最重要的莫过于撰写文章登载于报纸上,以作为变法的宣传。与此同时,谭嗣同还对《时务报》的宗旨、社会反映、编辑方式等提出具体的意见,他支持《时务报》大胆创新,建议进行文体的改革。

其次,谭嗣同还为《时务报》撰写和推荐稿件,帮助报纸发行。他将《浏阳土产表》《报章说》和自己撰写的有关文字改革的《管音表》推荐给汪康年。为了了解、介绍推进变法的办法,谭嗣同四处奔波,为《时务报》找到了南京水师学堂、陆军学堂、储才学堂的章程。为了服务于《时务报》的发行,他亲自制定了发行章程,详细而周密地规定了发行程序和款项预算。由于谭嗣同对《时务报》的热心和贡献,1897年他被推举为报社的董事。

在积极参与《时务报》创刊发行的同时,谭嗣同还联合罗振玉、梁启超、张謇等人筹办农学会，创办《农学报》，旨在联合各地农业科技人员，用科学方法来发展中国的农业。作为农学会的倡导者，谭嗣同起草了《农学会会友办事章程》十八条，具体制定了在总会的基础上设立分会，各地互相联络，传递和推广科学技术等设想和计划。他还为黎少谷的《浏阳土产表》作序，指出在中国农村灾荒严重，豪强官吏勾结横行的情况下，必须变法革新，铲除贪官污吏和地方豪绅，发展生产，振兴商务，才能改变民众穷困潦倒的状况。他在《农学报》上发表的《浏阳麻利述》中，建议在浏阳通过种麻来发展副业生产，帮助浏阳百姓摆脱贫困。文中还运用农业科学知识，就麻的选种、选地、选时、播种、治虫、培育、收割、加工等一一进行了论述。他还特别提出了"以工代赈"，通过开矿、办厂等手段来解救农村灾荒问题的建议，并同唐才常等人在湖南开办过一个煤矿。

1897年春天，谭嗣同、梁启超、康广仁等筹划在上海成立不缠足会，借以提倡妇女解放，推进维新变法。

不缠足会希望从具体实践出发，切切实实地为妇女的解放作出贡献。在《试办不缠足会简明章程中》，规定了非常具体的做法。如凡是入会的人所生女子，不得缠足；凡是入会人，所生男子，不得娶缠足之女；凡入会人所生女子，已经缠足的，一律放足。入会人员及其子女可以互相通婚；入会人员的女子因年龄已大而无法放足的，也可以与入会中人结婚。不缠足会的章程在当时的《时务报》上登载。《时务报》还发表多篇文章揭露缠足的危害，提倡不缠足。

不缠足章程在《时务报》上登载以后，在全国范围内引起了强烈的反响。很多人写信给《时务报》予以支持。有人提出要给不缠足的妇女以物质奖励；有人提出要创办女学堂，培养女子的生产和生存技能，将女子培养成有利于国家、社会，有利于家庭的有用人才；有人建议办不缠足报，广泛宣传缠足的危害和不缠足的好处；更有人上书朝廷，要求明降谕旨，禁止缠足。总之是一石激起千层浪，社会舆论纷纷支持不缠足的主张。1897年6月30日，不缠足总会在上海成立，谭嗣同被推为董事。各地继起效仿，不少省、市纷纷设立不缠足分会，积极配合上海维新人士的行动。谭嗣同的家乡湖南寄信谭嗣同，准备设立不缠足会。谭嗣同给予了热情的支持，并亲自起草了《湖南不缠足会嫁娶章程》，这一章程在宣传不缠足的同时，还宣传婚姻自由，提倡男女平等。

谭嗣同等人还组织亲友家庭中没有缠足的女佣上街游行，公开展示不缠足带来的便利和健康，让大家族的妇女观看。

谭嗣同参与的不缠足活动在全国各地都产生了不小的影

响，由此引发了一场初具规模的不缠足运动。福建、湖南、江苏、湖北、天津、澳门、香山、顺德等省市都成立规模不等的不缠足会。许多不缠足会在倡议不缠足的同时结合开办女学，努力培养妇女的生产和生存技能，把不缠足运动提升到为国培养有用之才，为家庭培养能够助夫教子、操持家务的德才兼备的贤妻良母，努力提高妇女的社会地位。

谭嗣同参与不缠足会活动的同时，鼓励自己的妻子李闰积极从事不缠足会活动的组织和发动。在谭嗣同的支持下，李闰联合康广仁的妻子黄谨娱在上海成立了中国女学会，并出版了中国第一份妇女杂志《女学报》，批判封建伦理纲常，追求男女平等、婚姻自由，提倡科学，反对迷信。

在上海参与众多维新活动的同时，谭嗣同在南京也同时联合一批具有维新变法倾向的知识分子，进行不同形式的维新变法活动。

1897年5月，为提倡科学，反对迷信，革新社会风气，谭嗣同联合杨文会、刘聚卿、茅子贞等人，在南京创立了金陵测量会。谭嗣同起草了测量会的章程，提议将各种科学仪器收拢到一起，集中使用，进行科学实验。在谭嗣同的努力下，测量会汇集了天文镜、地平仪、子午仪、测向仪、经纬仪、纪限仪、叠测仪、空气风雨表、量雨器、量风器、罗盘等二三十种仪器，同时购买各种有关图书，还从上海购买了各种地图、天文图、矿石图、水学图、火学图、电学图、百鸟图、植物图、人体解剖图等。测量会会员定时集中学习，还到长江沿线测量各种经纬度，测量天气和山川地形，绘制各类地图等。

这些虽不是直接的变法活动，但对于开化社会风气，转变人们的思想，更新人们的知识等，起到了重要的作用，对即将进行的维新变法起到了铺垫作用。

弃官回乡

谭嗣同在1896年到南京充任候补知府，实是迫于父命。到达南京后，在官场上的所见所闻更令谭嗣同心灰意冷。所以在南京为官的那段时期，谭嗣同没有为官场做一件事。因为这一时期正值维新变法的低潮，谭嗣同除结交朋友外，大部分时间在埋头著书，写成了他最重要的著作《仁学》，完成了对自己思想的梳理和转变。

1897年11月，德国强占胶州湾，划山东为势力范围；俄国占领旅顺、大连，划东北为其势力范围。此后，英国强租新界，将长江流域划为自己的势力范围；法国强占广州湾，将广东、广西和云南划为自己的势力范围；日本也在这一时期将福建划为自己的势力范围。帝国主义在这一时期掀起了瓜分中国的狂潮，中国亡国灭种的危机形势再度严峻，全国要求维新变法的呼声再度高涨。

热衷维新变法，渴望经世救国的谭嗣同那颗炽热的报国之心被点燃，他激动、不安、悲愤而又焦灼。他给汪康年的信中说，想到时下之局势，心中惆怅痛苦，直想大哭一场。他在《湘报》上发表文章，沉痛地指出，中国时局已经到了不能再危险的程度，变法图治已经迫在眉睫。中国目前不仅是藩属尽被剥夺，本土也已难保。

同一时期的康有为，作为提倡维新变法的领袖人物，深感时局的危急，在1897年冬天匆匆赶到北京，第四次给光绪皇帝上疏，请求光绪皇帝立即变法，挽救危亡。康有为在奏折中指出，各国报馆议论纷纷，都在谈论瓜分中国的事情。瓜分危机如箭在弦上，随时都有可能发生，目前国内一片混乱和惊慌，不法之徒蠢蠢欲动，暴乱随时可能发生。倘若不抓紧变法，改变局势，皇帝的地位不仅难保，恐怕到时想做一介平民都不能了。

康有为在他的奏折中提出了上、中、下三套变法方案：上策是效仿法国、俄国、日本的变法模式，也就是完全改变政治体制，把原来的君主专制制度变为君主立宪制，来解决目前的危机；中策是集中朝中有识之士出谋划策，进行变法；下策是听任各地的封疆大吏自行变法。对这三套变法方案的效果，康有为也作了说明：能够实行上策，则中国可以富强；如果实行中策，中国还能维持现状；如果实行下策，也不至于让中国彻底灭亡。总而言之，只有进行变法，才不至于亡国，如果不变法，则中国必亡无疑。

自登基以来一直处于无权地位的光绪皇帝事实上不甘心碌碌无为，更不甘心做一个亡国之君。康有为的奏折极大地刺激了光绪帝，他决心当家做主支持康有为进行变法，所以令王公大臣传召康有为到总理衙门问话。在问话的过程中，康有为与保守派展开了激烈的舌战，批驳了以荣禄为首的顽固派关于"祖宗之法不可变"的论调，同时批评了李鸿章维持现状的思想，并讲述了自己变法的措施和主张。他的言论得到光绪帝的老师翁同龢的赏识。翁同龢给光绪皇帝做了奏报和推荐，让康有为统筹全局，进行变法。

光绪帝的态度让沉寂了一段时间的北京城再度出现了维新变法的热潮，各地的维新人士也随之活跃起来。1898年春节的爆竹声迎来了维新变法的高潮。此时还身处南京官场的谭嗣同再也无法继续原来的生活，他要投身到轰轰烈烈的维新变法中去，要脱离死气沉沉、污秽不堪的官场。

此时的谭嗣同，思想上已经发生了剧变，不再屈服于父亲的命令和意愿，不再受伦理纲常的束缚。他要冲决网罗挽救民族危亡，致国家富强，出民众于水火，投身到维新变法的事业中。就在1898年的春天，谭嗣同辞去在南京的官职，准备回到家乡湖南，在那里从事一番轰轰烈烈的事业。

谭嗣同选择去湖南而非北京或其他地区，主要有两个方面的原因。其一，谭嗣同向来有立足一地以救全国的政治设想。这就是谭嗣同"阴以存中国"的谋略。其二，谭嗣同认定，能够达到他所希望的雄踞全国的地区只有湖南。一来三湖两湘位居中国之中央，地理位置比较重要。二来湖南地区聚集了一大批立志维新变法的仁人志士，如他的好友唐才常、皮锡瑞，老师欧阳中鹄、涂启先，还有一批思想开明具有变法倾向的官员，如巡抚陈宝箴、学政江标等，而到湖南不久的按察使黄遵宪，其维新变法的倾向更强，决心更大。

黄遵宪，字公度，广东嘉应州人，早年赴日本做参赞时，用心考察了日本的风土人情和宪政，写成《日本国志》一书，详细介绍了日本的历史及其社会制度，主张效法日本，变法革新。后来在做旧金山和新加坡的总领事期间，也留意国外的政治制度和社会变革，较多地吸收了西方资本主义的思想文化。甲午战争后，他加入康有为等人发起组织的强学会，支持康有为等人的变法主张。1897年，他被任命为湖南按察使，开始在湖南提倡和支持变法。

1897年，湖南创办了《湘学报》，积极宣传变法理论和主张，一时造成了很大的声势。《湘学报》也成为继上海的《时务报》、澳门的《知新报》之后,全国最有影响的维新报纸之一。所有这些因素,使湖南的整个变法氛围较为浓厚。这对一心要通过变法维新有所作为的谭嗣同产生了巨大的吸引力。他得到梁启超的支持,于是毅然决然地离开南京,前往湖南。

就在收拾行装准备前往湖南的时候,谭嗣同收到了张之洞和陈宝箴的联名来信,请谭嗣同先到湖北,准备和姚锡光一同出使日本。谭嗣同得到这一消息非常兴奋,因为他同那时的维新人士一样,对日本推崇备至,认为日本作为一个原本受到西方列强侵略压迫的国家,经过明治维新,力行变法,一举摆脱了西方国家的压迫,成为世界级的强国,这在亚洲是一个奇迹。谭嗣同就曾不止一次地撰文称赞日本的进取精神,推崇日本的变法。

此外,维新变法前后的国际关系也让维新变法人士对日本抱有好感。那时侵略中国的国家分成了两个利益集团。俄、德、法三国集团,他们因为自身利益的驱动,同以西太后慈禧为首的守旧派保持着较为密切的关系;另一利益集团由英、美、日等国家组成,他们同以光绪帝为首的维新派走得比较近。而日本在甲午战争后,宣扬中日友好,共同维持亚洲和平的论调,让许多知识分子受到很大迷惑。他们一厢情愿地把日本看成是自己的朋友,是维新变法统一战壕的同盟。谭嗣同就认为,"俄、法、德暗含合纵之约,明为瓜分之举。……英、日恐三国之崛起出其上,谋与中国连横,以抵制三国"。

谭嗣同急切地希望了解日本各方面的情况,尤其希望能够获得日本维新变法的真谛。但没有出过国又不懂外语的谭嗣同之前只能通过他人介绍来了解日本,对日本的了解多少有些道听途说的感觉。如今有机会亲眼看看日本,又有精通日语、有着丰富的军事知识、对世界时局颇为了解的姚锡光陪同,当然是兴奋不已。

不过谭嗣同的兴奋没有持续多久,就在定好的启程日期只剩下两天的时候,他接到张之洞的指示,说出行日本的计划因时间紧迫而被取消。兴致勃勃的谭嗣同被当头浇了一盆冷水。谭嗣同清楚,这一定是善于投机、喜好虚名而又圆滑多变的张之洞临时变了卦。

谭嗣同素与张之洞在政见上存在分歧,在言谈过程中也多有不快。张之洞之所以会同陈宝箴联名致信谭嗣同,请他赴日考察,在很大程度上应该是出于陈宝箴对谭嗣同的赏识和大力举荐。爱好虚名又圆滑老练的张之洞一方面不愿驳陈宝箴的面子,另一方面又要装出爱惜和重用人才的面孔。但当谭嗣同即将成行的时候,张之洞便找借口取消了谭嗣同的这次赴日活动。

回到湖南的谭嗣同如鱼得水,他很快同原来的老朋友、老师、维新变法的同人取得联系,同他们叙旧情的过程中,就对湖南维新变法的局势摸得一清二楚。

那时的湖南,虽然变法的风气很浓,支持变法的各级官吏为数较多,但就变法的力度和途径上,存有很多问题。巡抚陈宝箴确实有意变法,实施过一些"新政",新加坡的《日知报》就发文称赞说,素来守旧的湖南在时局危急的刺激下,一变而为各省维新变法运动的佼佼者。可是陈宝箴的维新变法活动,带有很大的局限性,在很大程度上,与张之洞提倡的洋务运动是相通相似的。这使具有激进色彩的年轻知识分子产生了很大不满,他们渴望改变变法的局面,举办一些更有力度的能够挽救国家危亡和资本主义发展的新事业。一向具有激进变法要求的谭嗣同,对年轻知识分子的愿望和要求给予了热情的肯定与支持,这让湖南的维新人士受到了很大鼓舞。

在湖南的维新举措

谭嗣同到湖南的时候,湖南虽然在名义上出台了很多维新变法的举措,但如上所述,其变革的色彩和力度都是很淡的。许多事情只是借用了维新的形式,而在实际上还带着很强的洋务派甚至是守旧派的色彩。其中在谭嗣同到达湖南前就已举办的时务学堂就是这种例子的典型。

时务学堂是由湖南著名的守旧派代表王先谦在1896年冬天提议创办的。曾担任过长沙城南书院和岳麓书院院长的王先谦，一向以维护封建旧学为己任，他希望通过创办时务学堂来发扬理学。在时务学堂的"招考告示"中，明确提出，创办时务学堂虽然要学习西学，但必须以中学为根本。这是洋务派"中学为体，西学为用"的老调重弹，新瓶装旧酒，意图借维新变法的形式让封建礼教借尸还魂。

1897年9月24日，时务学堂从两千多名考生中录取了四十名优秀学生，正式开堂授课。这一切似乎都走向了正确的轨道。不过，谭嗣同在1898年春天到达湖南一了解，发现事情并不像想象的那么好。

首先，时务学堂在王先谦等人的把持下，充满了一股旧学的气息，办学的宗旨体现出明显的"中学为体，西学为用"的格调。在时务学堂的章程中，要求学生必须是在通晓中国经文大义的前提下从事西学的学习，其教育的途径仍然走着儒家思想中修身、齐家、治国、平天下的老路。

其次，在人事方面，守旧的王先谦等人以倡办人的身份居于指导地位，负责具体事务的熊希龄遇事犹豫不决，在维新与守旧间徘徊。梁启超势单力孤，无法按照自己的意志行事，在教学上也受到多方限制。

为了改变时务学堂的办学状况，让时务学堂能够真正为维新变法培养出有用的人才，谭嗣同找到自己的好友唐才常，力劝唐才常到时务学堂担任教习，谭嗣同也主动担任了时务学堂的教习。此后，谭嗣同经常在时务学堂同梁启超、唐才常等人研究如何办学问题，鼓励和支持他们在教学过程中宣扬变法理论。经由谭嗣同与唐才常和梁启超等人的努力，时务学堂的风气为之一变，不仅西学成为教学的最主要内容，而且激进的变法思想开始在时务学堂迅速传播。

在此过程中，谭嗣同开始积极向学生灌输民权思想和反清思想。谭嗣同在他的授课过程中，将自己《仁学》中的思想进行了发挥，向学生介绍和分析君民关系和民权的含义，同时指出清政府的残暴。他和唐才常一起，将《扬州十日》和《明夷待访录》等具有反清思想的著作用铅字印刷，散发给学生，启发学生的反专制意识。

梁启超在谭嗣同的影响下，思想也日趋激进。梁启超自己就说，在未到湖南以前，虽然自己也有着维新变法的要求和思想，但主要停留在康有为所提倡的改良主义的范围，注重"废科举，兴学校"等无关政治体制的问题，偶尔发发兴民权的议论，但从来没敢公开提倡。到达湖南后，受到谭嗣同的影响，自己开始关注民权革命论，并且天天宣讲。

谭嗣同是一个才华横溢的人。他文笔生动、口才好、能思善辩、富有激情，加之学识渊博、思想丰富，造就了他独特的个人魅力。正是依靠独特的个人魅力，他在时务学堂影响着一大批学生。谭嗣同自己回忆说，他在时务学堂每天讲课四小时，每天夜里都通过批改学生的作业来解答学生提出的问题，传播民权思想。有时为了回答一个问题，动辄批语数千字，故而常常彻夜不眠。而在他的批语中，主要是介绍民权论的观点。还通过向学生介绍《扬州十日》等著作，痛斥清王朝皇帝"屠城屠邑，皆后世民贼之所为"，通过分析清政府统治下的社会现状来批判君主专制的腐败，倡言革命。

时务学堂开办以后，先后招生三次，共收学生二百多人。在谭嗣同、唐才常、梁启超等人的影响下，时务学堂养成了将求学与救国紧密联系在一起的风气。学生们不仅学习新知识，而且接受新思想。他们时时谈论国事，以救亡图存为己任，关注国情并主动了解国际形势，主张效法西方来改革内政。在此过程中，出现了一批具有爱国主义情怀又具有远见卓识的英才。唐才常的弟弟唐才质以及以发动反袁护国运动而名垂青史的蔡锷，都是这一时期时务学堂的学生。

谭嗣同回到湖南后的另一个具有影响的举动是创办了南学会。

创办学会，组织志同道合的人物，相互交流思想，传播政治主张，是维新人士在维新变法运动中行之有效的做法。它和创办学堂、出版报刊一样，一直受到维新人士的重视。康有为说过，开风气、开知识，非合大群不可。而合大群则非开会不可。梁启超则说："今欲振中国，在广人才，欲广人才，在兴学会。"所以康有为、梁启超早在1895年公车上书之后，就在北京组织了强学会，一时间应者云集。谭嗣同不仅重视学会在组织发动和宣传方面的作用，认为它是中国救亡图存急不可缓的事情，同时还认为，办学会可以左右地方的权力机关，能够为将来设立议会作准备。所以在康、梁于北京组织强学会的时候，谭嗣同就有意在湖南创办强学会分会。后来因为强学会受到守旧派攻击而被查封，谭嗣同的设想没能付诸实施。此次来到湖南，在维新形势的推动下，谭嗣同再次将组织学会的事情提到议程，并积极着手筹建。他亲自制定章程，选聘人员，购置图书仪器，然后和唐才常四处活动，在得到巡抚陈宝箴的支持后，于1898年2月在长沙孝廉堂宣布成立南学会。

南学会成立那天，长沙城里一派热闹景象。巡抚陈宝箴率文武官员到场祝贺，并发表了演说。到场的官员、商人、士绅和学界代表纷纷加入南学会。心情激动的梁启超为南学会的成立撰写了热情洋溢的序文。序文中把南学会的创办说成是振奋人心、凝聚人心，将全省之人心汇集在一起，起到保中国不亡的重大事件。认为其他如兴学校、废科举、振兴工农商等维新事务都无法同学会成立的重要性相比。因为只有成立了学会，才能将所有人团结起来，共赴国难。

南学会成立后，为扩大其影响，谭嗣同在湖南各府、厅、州、县设立了为数众多的分会，并努力沟通长沙总会与各地分会的关系，提出"上下相亲、权力相平、长短相济、学业相益"的原则，让总会和分会形成有机的互补，希望通过南学会"联全省为一气，合万众为一心"。

南学会组织严密，功能多样。按照谭嗣同的设想，南学会应该具有制定法律的立法权、决定政事的行政权，以及经济管理权、官吏选派权，等等。但在那样一个特定的时期，这样的设想显然过于超前了。南学会在实际运作中仅仅局限在文化事业和舆论宣传等方面。

在南学会中，设有学长、坐办及具体办事人员。入会成员必须履行规定的手续，经由学会公议，并有会友担保才能入会。已经入会的会友被分成三类：一类为议事会友，负责和决定学会的章程、事务和各种重大决策，谭嗣同等一批最初的发起人大都属于此类会友；二类为讲论会友，相当于学会的教习，负责定期讲课和答难解疑，这类会友主要由学界名流如欧阳中鹄、李维格等人担任；三类会友是通讯会友，负责处理各类信函，联系各地分会等。

南学会成立后，湖南的各阶层人士踊跃报名入会，最多时会友达到一千二百多人，其中骨干有二百多人。南学会实际成为一个具有地方政党色彩的团体。它成立后，组织会友从事时政的讨论，发表演讲，进行读书读报活动。南学会经常性地让有名望的人士向会友介绍国内外的形势，同时向会友提供各种各样的资料，组织会友进行交流，鼓励会友发表意见，撰写文章。巡抚陈宝箴还将各种官方的电报、文件、奏章等提供给会友参阅。会友们大胆抨击时弊的言论和有见地的建议受到鼓励和支持，并将许多有思想的文章登载报端。

在读书活动中，南学会为会友们提供自己购买收藏的图书和报纸。南学会通过各种途径收集了大量的图书，还订购了《时务报》《申报》《湘报》《湘学报》《国闻报》《万国公报》等最具时效性又最富时代气息的报纸。这些图书和报纸，成为会友学习知识、了解时事、接受先进思想的媒介。与此同时，南学会还定期向会友展示各类先进的科学仪器，让会友们在趣味盎然的过程中，增长了见闻和知识，提高了文化水平，传播了新的思想。

南学会最有影响也最重要的一项活动是集会演讲。学会每周举行一次演讲，邀请会中的有识之士作为演讲人，有时也邀请全国有名望的学者。演讲的内容极为广泛，涉及政治、经济、哲学、地理、外交、历史等方面，而主要围绕救亡图存的主题。谭嗣同自己多次登台演讲，宣讲中国面临的危机形势以及变法的必要性。指出中国自鸦片战争以来，不断割地赔款，到了国将不国的地步。而西方列强又对中国瓜分豆剖，肆意欺凌。中国民众欲歌无声、欲哭无泪。号召凡有血性的男儿都应该行动起来，同仇敌忾，推行变法，以挽救中国于既倒。南学会的每次演讲，都出现听者云集、人头攒动的景象。而一些南学会的领袖人物如巡抚陈宝箴、学长熊希龄等也能够准时到会，与一般会友一样，坐在台下用心倾听。所以南学会演讲收到了很好的效果，在传递知识和宣传变法方面产生了重要的作用。湖南的维新变法就在这些演讲中不断被推向高潮。

谭嗣同与唐才常在创设南学会的同时，认识到报纸的影响力，认为报纸的影响往往远超人们的意料。同时有感于当时长沙的《湘学新报》十日才出一期，不能适应湖南维新变法飞速发展的形势。南学会急需一份自己的报纸，报道自身的活动，宣传其变法主张，以此来推动南学会和整个湖南维新运动的进一步发展。1898年3月，谭嗣同等人在长沙创办了一份作为南学会喉舌的报纸——《湘报》。

对于《湘报》的办报宗旨，谭嗣同在他所写的《〈湘报〉后序》中列举了两点：一是反对好古，提倡日新。这正如谭嗣同在《仁学》中强调的那样，"昨日之新，至今日而已旧；今日之新，至明日而又已旧。只有日日新，才能不断进步"。报纸更要记载新事、新人、新思想、新道理，才能推动人不断更新思想，创造新事。二是表达民意，为民请命。谭嗣同抨击了中国旧有的报刊文章和官方载录。认为最具影响的二十四史只是一部皇帝的家谱，从不关心民生，对于和民生社稷有关的如何通商、如何有利工业、如何培训农业技术、如何让百姓获得实惠等问题根本没有记载，所以它是一部君史。现在创办的《湘报》，应该努力将它办成一份民史，为百姓讲话，反映百姓的呼声，关心民众的疾苦，让百姓的声音找到表达的途径。

谭嗣同亲自担任了《湘报》的主笔，不断在"论说"一栏中发表文章，宣传维新变法思想。从《湘报》创刊到谭嗣同离开长沙，谭嗣同共撰写了十几篇文章，系统地宣传了自己的变法思想。

除了变革时务学堂，组织南学会，创办《湘报》之外，谭嗣同在湖南还广泛地参与到各类维新活动中。

保卫局是由按察使黄遵宪倡议，仿效上海租界巡捕房的形式，由官绅合办以维持市区秩序的机构。陈宝箴同意黄遵宪的提议，其目的是防止地方痞徒有不轨行为，也就是防范民众的暴动。谭嗣同对于保卫局的成立表示赞成，希望保卫局能够在防范不法之徒聚众滋事的同时，还能成为防御列强入侵的有效抵抗力量。他向陈宝箴等提出建议，希望保卫局在维持秩序的同时，附设迁善所，大量收留流氓、拐骗、盗窃等不法分子，强制他们进行劳动、学习技能，对他们进行改造，以便他们在被释放后，能够取得正当的职业，成为自食其力的劳动者。

开矿办厂是这一时期维新运动的一项重要内容，维新派认为矿业、工业、交通等方面的发达，是西方资本主义国家强盛的重要原因，也是发展资本主义的重要内容，所以在推行新政中，开办工矿交通业自然成为不可或缺的举动。谭嗣同向来重视工矿业的兴办，早在去南京之前，他就和唐才常等人合作筹办过煤矿。1897年，当时的邮传部大臣盛宣怀还曾联系谭嗣同，希望同他联合在湖南办工矿企业和铁路。谭嗣同曾为此投入了极大的热情，与欧阳中鹄、熊希龄等人作过详细的谋划，后因为资金短缺以及官员的推托而作罢。回到湖南后的谭嗣同一如既往地热心于开矿办厂。他常和陈宝箴等政府要员联系，希望利用湖南自身的资源，大力发展实业。对于工矿企业的开办形式，谭嗣同明确提出了改官办为商办，鼓励工商民众自己集股开办。在谭嗣同的热情支持和积极筹划下，湖南私人经营的工矿企业获得了一定程度的发展，湖南境内出现了许多近代矿产、工厂、内河轮船、电灯等企业。

谭嗣同等人在湖南开展的一系列活动，让原本地处内陆相对闭塞的湖南风气大开。在两年多的时间里，湖南省在和维新变法有关的各项事务上都取得了迅猛的发展。天津的《国闻报》称赞湖南的维新气象说，湖南风气日开，与沿江沿海的开放城市相比，有过之而无不及。对谭嗣同等杰出才干也感叹说："惟楚有才，于斯为盛。"而谭嗣同自己也自豪地说湖南人"思自奋，家议维新，风气之开，几为各行省之冠"。唐才常也认为湖南在推行新政之后，发生了翻天覆地的变化，不仅士农工商人士都具有了新知识、新思想，而且资本主义在湖南获得了相当程度的发展，整个湖南呈现出一派欣欣向荣的景象。

第 6 章

我不下地狱谁下地狱

——为变法而慷慨就义

谭嗣同在湖南开展的一系列活动极大地推动了那里维新运动的发展,也因此受到维新变法人士的赏识和推崇。当光绪皇帝让手下的官吏推荐维新人才进京辅助变法的时候,许多人自然想到了谭嗣同。进京辅助光绪帝进行变法,这对谭嗣同来说是一个施展抱负的机会,但同时却充满了风险。亲自从事过湖南维新运动的谭嗣同知道守旧势力有多大,也知道他们攻击的手段有多毒辣和无耻,但谭嗣同没有退缩,他那普度众生的宗教情怀和无所畏惧的勇气让他毅然响应了死神的召唤。因为在他看来,人的生命倘若不能为他人做出一些有益的事情便没有了意义。明知有风险,却义无反顾,正所谓:"我不下地狱谁下地狱?"

死神的召唤

1898年的春夏之交,北京的维新变法运动又出现了新的高潮。康有为、康广仁和从湖南辞职回到北京的梁启超等一起,集中维新派力量,成立了新的团体——保国会,以替代被查封的强学会,提出了"保国、保种、保教"的宗旨,全面推行变法,以求救亡图存。在保国会的影响带动下,在京的浙江人士成立了保浙会,云南人士成立了保滇会,福建人士成立了闽学会。维新变法的呼声震动了整个北京城。此时康有为再次上疏光绪皇帝,力劝光绪帝及时变法,革旧图新,以保社稷,希望光绪皇帝"以俄国大彼得之心为心法,以日本明治之政为政法"。

受到北京乃至全国变法呼声的鼓舞,光绪帝变法的决心日益坚定。他仔细阅读了康有为的奏折,十分欣赏康有为对时局的分析和变法主张,认为康有为见识非凡,才识过人。于是,光绪帝让翁同龢吩咐军机处,以后如果有康有为的条陈要即日呈递,不得延误、阻隔。翁同龢此时乘机向光绪帝举荐康有为,说康有为是经世济国的奇才,胜出自己百倍,皇帝应该将其招至左右,以备咨询,并用刘备重用诸葛亮的故事来打动光绪帝,称光绪与康有为,正是圣主贤臣,如鱼得水。这让一心想成为明君,不甘一直受制于慈禧的光绪皇帝大为心动。他命令朝中大臣举荐有才干的人士以备变法之用。

在翁同龢的授意下,曾做主把堂妹嫁给梁启超的刑部侍郎李端棻上密折举荐康有为,认为康有为才堪大用。他还同时举荐了梁启超、谭嗣同等人,并在奏折中提出了不少很有见地的革新建议。光绪皇帝非常欣赏李端棻的奏折,不久就擢升他为礼部尚书。

侍读学士徐致靖看到光绪皇帝有起用维新人士的意图,便上疏保举康有为、梁启超、黄遵宪、谭嗣同等人。在他的奏疏中,称谭嗣同"天才卓荦,学识绝伦,忠于爱国,勇于任事,不避艰难,不畏谤疑,内可以为论思之官,外可以备折冲之选"。与此同时,上疏举荐康有为等人的还有大学士张百熙、给事中高燮曾等多名官员。

百官的纷纷上疏举荐为光绪皇帝召见康有为等人提供了条件,同时这种假象也树立了光绪帝变法的信心。他开始集中精力批阅群臣的奏折,对主张变法的条陈褒奖有加,而对反对变法的条陈则不以为然,甚至痛加训斥。之后光绪皇帝在翁同龢等人的协助下,决定颁布诏书,宣布变法。为此,光绪帝召开了御前会议,征询军机大臣的意见。

御前会议上,身为军机大臣首领的奕䜣沉默不语。他在没有得到慈禧太后明确态度之前是不可能随便发表意见的。因为奕䜣曾切身领教过慈禧太后的厉害,遇事不敢自作主张,一切唯慈禧之命是从。当光绪皇帝征询意见的时候,奕䜣知道光绪帝只是一位有名无实的皇帝,真正掌握权力的是慈禧太后,在没有弄清慈禧的意图之前,他是不会擅发议论的。

奕䜣不表态,其他大臣也都不敢作声,只有翁同龢力主变法。光绪皇帝虽然深感失望,但他变法之意已决,所以在1898年6月11日,颁布了《明定国是诏》,宣布开始维新变法。

就在《明定国是诏》颁布的第二天,光绪皇帝下诏,命令两江总督刘坤一、湖广总督张之洞速让黄遵宪、谭嗣同进京,送吏部引见。而此时身在湖南的谭嗣同正承受着守旧派越来越凶猛的攻击。

如前文所述,在谭嗣同等维新人士的努力下,湖南的维新变法运动在一段时间里进行得如火如荼,湖南呈现出一派繁荣的景象。但湖南维新变法的成就越大,影响越大,离祖宗之法也就越远。谭嗣同等人大刀阔斧地变革,深深触及了那些依靠祖宗之法获取利益的守旧派,他们同洋务派联合起来,对谭嗣同等维新人士展开了猛烈的攻击。

向来以湖南名流自居的守旧士绅王先谦与长沙著名文痞、学霸劣绅叶德辉，发动所有的守旧士人，对谭嗣同等人所从事的各项变法事务——进行诬蔑和攻击。他们攻击时务学堂倡导民权意在鼓动百姓作乱，必将导致"会匪闻风而起，其患不可胜言"。他们威胁说："要打'民权'一万板，'民权'屁股危矣哉！痛矣哉！"他们还让书商收集时务学堂中文总教习梁启超的言论以及给学生所写的批语，刻印散发，称梁启超"秉禽兽之心"将数百名青年才俊坑杀、焚杀，是离经叛道、惑世诬民的"士类之文妖"。梁启超正是在这样的压力之下，感慨湖南总体上还是保守的人居多，风气尚未大开，进而辞去了时务学堂中文总教习的职务离开了湖南。

对于谭嗣同等人创办的《湘报》，守旧派也是极尽攻击诬蔑之能事。谭嗣同在《湘报》第十六号上发表的介绍康有为的文章中，称赞康有为提倡民权的文章"言人所不敢言，其心为支那四万万人请命，其疏为国朝二百六十年所无也"。守旧派见到后，认为谭嗣同与康有为相互勾结，"上则欲散君权，下则欲行邪教"。而在《湘报》上刊载了一篇作者为易鼎的主张君民共主的文章后，张之洞致电陈宝箴，称文章见地偏激，十分悖谬，见到的人个个惊骇愤怒，这样的文字传播之后，让匪人邪士看到，一定会成为他们作乱的借口。

在张之洞的带领下，守旧派们对待《湘报》的态度十分嚣张，纷纷进行攻击，连一度支持谭嗣同、号称态度开明的欧阳中鹄也参加到讨伐的行列，公开表示谭嗣同已经被异端邪说所吸引，自己与谭嗣同的办事宗旨势同水火。王先谦、叶德辉等人更是猖獗，他们纠集城南书院的学生，收买地痞流氓，砸了《湘报》报馆，将新出的报纸当众扯乱一地。

针对谭嗣同等人组织的南学会，守旧派先是希望通过用人来施加控制。在南学会筹备期间，王先谦、叶德辉都想出任学会的学长，他们对将要出任学长的皮锡瑞先是施以压力，威胁他离开湖南，继而以名利引诱，许诺让他掌管校经书房。在威逼利诱失败之后，他们便大造舆论，全面攻击南学会。他们还鼓动守旧分子在南学会演讲的会场起哄、打闹，甚至寻衅滋事，大打出手。还给南学会的骨干写匿名恐吓信，声称要"刺刃其腹"，个别南学会的会友确实遭到了他们纠集的流氓分子的毒打。

在守旧派的攻击面前，原本支持变法的巡抚陈宝箴也发生了动摇。当张之洞攻击《湘报》言论乖张、十分悖谬的时候，陈宝箴不得不让《湘报》删去报首的议论，而采录古今有关世道的名言。他还让熊希龄把刊有易鼎文章的《湘报》收回，并写文章给予反驳。同时对谭嗣同、唐才常的行为表示了不满。在梁启超离开湖南后，他还打算推举守旧派叶德辉做时务学堂的总教习，甚至想让守旧派的领袖王先谦替代熊希龄担任时务学堂的提调。

面对守旧派的进攻，谭嗣同虽然联合唐才常等人进行了反击，也取得了一定的成效，但谭嗣同等人的处境却无可改变地越来越艰难。正是在这个时候，谭嗣同接到了光绪帝让他进京的命令。

光绪帝的诏令无异给处境艰难的维新人士打了一剂强心针，让他们受到极大的鼓舞。他们得知谭嗣同要进京辅佐新政的时候，奔走相告，互相庆贺。唐才常专为谭嗣同设宴饯别，以示庆贺，席间他们进一步商定了湖南下一步变法的步骤并互相交流了变法的意见。但有谁知道，光绪皇帝这道让谭嗣同进京的命令恰如阎王爷的催命符，是死神对谭嗣同的召唤。

浸淫宦海的在京老官僚们都清楚，光绪皇帝虽然颁布了《明定国是诏》，在维新变法上强势出击，但这在很大程度上是一种假象。谁都知道光绪皇帝从登基伊始就始终处于无权的状态，真正的权力掌握在慈禧太后手中。慈禧太后从光绪帝登基时的垂帘听政，到1886年光绪皇帝十六岁时改为训政，再到1889年光绪皇帝年满十九岁并大婚，按照清朝祖训规定，慈禧太后必须归政于光绪帝。不过从听政到训政再到归政，慈禧太后从来都没有放弃权力，清政府的权力始终都掌握在慈禧的手中，光绪皇帝所能做的事情是每天早晨到太后面前请安，听太后安排政事，晚上汇报完成的情况。此次光绪皇帝未经太后的允诺和授意，擅自做主颁布了变法的诏书，且不管慈禧太后内心深处是否赞成变法，单是光绪皇帝自行其是，事先未向慈禧太后请示，这就是对慈禧权力的挑战。这是慈禧太后无法容忍的。

就在光绪帝颁布了《明定国是诏》之后，这位从没亲自做过主的皇帝突然作出这样重大的决定后心中忐忑不安，习惯性地来到颐和园，用极为谦恭的态度和语气向慈禧太后作了汇报。慈禧太后告诉光绪帝，他已经长大，"上谕"都已经发布，该怎么办就怎么办吧，自己一个老婆子不懂得什么，只想在颐和园里优游几年。

这一改往常的口吻和语气明显表达了对光绪帝自作主张的强烈不满。临到光绪帝离开时，慈禧太后叫回他，若无其事地告诉光绪帝，他所亲近的大臣们都不错，只是那个翁同龢近来跋扈专横，又显得昏庸老迈，没有用了，不如叫他回家休息。这样的要求和决定，明眼人看得非常清楚，在变法问题上，光绪帝身边的大臣向来都是模棱两可，不置可否。只有翁同龢锐意坚持，态度坚决。慈禧太后作出这样的决定，显然告知光绪帝，没有她的批准，随意作出决定是要受到惩罚的。

光绪帝对慈禧的要求虽然一百个不情愿，但习惯了服从的他还是在6月15日颁布上谕："协办大学士翁同龢，近来办事多未允协，以致众论不服，屡经友人参奏，且每于召对时，咨询事件，任意可否，喜怒见于词色，渐露揽权狂悖情状，断难胜枢机之任。本应查明究办，予以重惩。姑念其在毓庆宫行走有年，不忍遽加严谴，翁同龢着即开缺回籍，以示保全。"

罢黜翁同龢是一种信号，表达了慈禧太后对待变法的态度，同时清楚地显示出以慈禧太后为首的守旧派与以光绪帝为代表的维新派的力量对比。它预示着慈禧太后等人必然反对维新变法，也预示着维新变法将会导致的结果。谭嗣同正是在这样的局势下，被召入京，其前途和命运也已经注定。

进京辅政

当接到进京谕令时，谭嗣同正抱病湖北，无法成行。他只好回湖南浏阳老家养病。光绪帝见谭嗣同推病未曾奉诏，再次电催谭嗣同"迅速来京，毋稍迟延"。这让谭嗣同深受感动，万分感激，连连称颂光绪帝"圣恩高厚"。于是抱病动身，赶紧进京赴诏。而此时谭嗣同的妻子李闰心中却有一种巨大的不安。

出身书香门第的李闰对湖南推行的维新活动有过热情。为了帮助自己的丈夫谭嗣同办《湘报》、南学会、不缠足会、浏阳算学会等维新活动，她不惜捐出自己的私蓄和嫁妆。可是，湖南后来的局面让谭嗣同一家在湖南几乎无法立足，这让她感受到了社会的险恶。身处自己的家乡推行维新变法尚且遭遇了如此的结果，她就没有理由不为远赴京城去从事变法活动的丈夫担心了。

事实上，当谭嗣同接到谕令时，兴奋之余也感受到了危险。他预感到自己的前途吉凶未卜。难能可贵的是谭嗣同为了变法，没有丝毫的犹豫和迟疑，正如他评价佛教所说的那样，"佛门之局量，勇猛无畏最大"，要做到这一点就要有普度众生的信念，要懂得"蠢尔躯壳，除救人外，毫无用处"。为了普度众生，他已经将生死置之度外。他安慰自己的妻子说："朝廷毅然变法，国事大有可为。我因此益加奋勉，不欲自暇自逸。"同时希望李闰能够"视荣华如梦幻，视死辱为幸事，无喜无悲，听其自然"。

1898年8月21日，谭嗣同到达北京，住在北半截胡同的浏阳会馆，与康有为住的三条胡同内的南海会馆相距不远。在南海会馆，谭嗣同第一次见到了心仪已久的变法舵手康有为。

谭嗣同在会见康有为的过程中，与康有为全面地交流了变法思想和具体的变法主张，同时结识了一大批维新变法人士。1898年9月5日，光绪皇帝在勤政殿召见了谭嗣同。光绪帝仔细询问了谭嗣同在进京沿途中看到和听到的《明定国是诏》颁布后人们的反应。谭嗣同据实作了回答，同时提出了自己关于变法的忧虑，认为要使变法成功，必须具备四个条件：第一，有一支强有力的辅佐集团，形成强硬的中枢，紧紧把握住决策和号令的大权；第二，必须有一支亲兵劲旅，使它进足以慑服反对势力，退足以保卫皇帝和新政中枢的安全；第三，妥善安置王公大臣，以减少变法的阻力；第四，必须外交制胜，取得各友好国家的声援和支持。谭嗣同还以日本明治维新为例，分析了明治天皇成功的原因，包括：伊藤博文经过游历欧美，研究各国宪法后回国，以他为中心形成了新政中枢；由西乡隆盛和板垣退助组成参谋部，训练了八千名步骑亲兵作为御用军；封赠旧日诸藩和王公大臣为华族，宠以虚荣，保其福禄，而削其实权等。谭嗣同指出了光绪皇帝的变法条件不如日本的成熟和有利，所以局势危急，但如果能够亡羊补牢，在军事上物色人才，充实近卫，逐步削弱荣禄等守旧派的兵权，内政上选用才俊作为辅佐，同时妥善安置王公大臣和各级权贵，外交上联合英国和日本等对抗沙俄等虎狼之国，那么，中国的维新变法事业，同样具有成功的希望。

光绪皇帝在听了谭嗣同的分析和建议之后，感慨万千，推心置腹地对谭嗣同说，自己做了三十年的罪人，白白害苦了自己的子民，不是自己不想让百姓富强，更不是自己想被世人骂为无道昏君，只是太后不主张变法，满洲诸大臣又总是要求固守祖宗之法，实在是没有办法。

召见了谭嗣同之后，光绪帝发布谕旨，授予谭嗣同、杨锐、林旭、刘光第四人为四品卿衔军机章京，也就是处理军机处文件的官员，人称"四京卿"。光绪帝还鼓励他们尽力赞襄新政，不要有所顾虑，所有奏折，都由他们四人阅览，凡有上谕，都由他们起草。并口谕"四京卿"凡有变法主张，可以随时上奏，自己必定依从，即便是自己有了过失，他们也可以当面指出，自己会马上改正。

光绪帝的谕令显示了对谭嗣同等人无比的信任，也表达了自己锐意变法的诚意。这让谭嗣同坚定了变法的信心，决心要竭尽全力推行新政。

当光绪皇帝决定重用谭嗣同等人的时候，维新派和守旧派之间的斗争也已经到了非常激烈的时刻。

我们总是说守旧势力是既有的政治制度、伦理道德、观念文化的既得利益者，为维护自身的既得利益，一定会坚决反对一切变革。因为守旧派的地位是依靠现有制度保障的，他们的地位、权力、威信和经济利益都蕴含在现有体制、道德、文化、观念所构成的一套社会系统中，因为他们符合这套系统衍生出来的评价标准，熟悉这套系统的规则和潜规则，在这个系统中他们具有合法性并在应对它的时候，显得游刃有余。这就是他们的既得利益。而一旦进行变革，整个系统将发生变化，评价标准、规则和潜规则都将随之变化，原本被人尊重的道德、知识、能力、行为都可能因此而被轻贱。

围绕在慈禧太后周围的人，包括慈禧太后本人就是典型的既得利益者。他们身居高位，大权在握。他们的地位和权力来自祖宗之法的规定，他们的行为方式符合旧有的体制和标准，因而具有合法性。而没有权力的光绪帝希望通过变革来改变现有局面的时候，权力在此过程中就必然会发生转移和变更，他们的既得利益就必然会受到侵犯，所谓的既得利益也将因此而失去，所以他们不遗余力地反对变革。

1898年6月15日，慈禧太后强迫光绪帝将翁同龢革职赶回老家常熟的同时，任命其亲信荣禄为直隶总督，统帅"北洋三军"（董福祥之甘军、聂士成之武毅军和袁世凯之新建陆军）掌握军权。6月16日，慈禧又命刑部尚书崇礼兼署步军统领，夺取了北京的警卫大权。6月24日，慈禧派刚毅掌管八旗兵中具有特种兵性质部队之健锐营，命令怀塔布管理颐和园的八旗官兵、包衣三旗官兵及鸟枪营事务，更换了一些要害部门的八旗统领。与此同时，慈禧用光绪帝的名义宣布，今后凡赏加官吏品级，补授文武一品和满汉侍郎，任命各省将军、都统、督抚、提督等官都必须到太后面前谢恩，也就是这些官职的任免没有慈禧的同意不能算数。这实际上剥夺了光绪帝对官员的人事任免权。与此同时，慈禧太后派八旗兵统领带兵把守紫禁城，严密监视光绪帝的言行。

1898年9月4日，光绪帝革去了抵制新政的怀塔布等六名守旧大臣的职务。9月7日，又将慈禧最为倚重的大臣李鸿章撵出了总理衙门，一时朝野震动。守旧官员们最直接的既得利益受到侵犯，他们纷纷来到颐和园，跪请慈禧太后废掉光绪皇帝，再次"训政"。守旧派与维新派的斗争进入白热化的程度。

谭嗣同等被任命为军机章京后到军机处供职，受到了旧有军机大臣的百般刁难。他们对"四京卿"讽刺挖苦，傲慢无礼，甚至根本不为他们准备办公桌案。谭嗣同不为所动，无所畏惧地坚持在军机处阅览全国奏折，并上疏提出处理变法的意见，推进变法的展开。不过，在守旧势力的百般阻挠下，变法活动举步维艰，维新派内部也出现了不和谐的声音。"四京卿"内部也是意见不同，态度不一。先是刘光第看到变法推行艰难，缺乏成效，开始对变法丧失信心，萌生退意。另一位章京杨锐，本系张之洞的门生，思想上更倾向于洋务派的"中学为体，西学为用"，对变法主张总是以"过激"为由，提出反对意见，在平日的议论中，也多次诋毁康有为，因此与另一位激进的章京、康有为的学生林旭总是意见不合，时常争吵，矛盾日深。谭嗣同面对维新人士的分裂状况也难有作为。

与此同时，顽固势力对维新派的攻击一浪高过一浪，侮慢康有为的声音越来越响，湖南邵阳的举人曾廉甚至上疏光绪帝，称康有为妖言惑众，乱圣人之道，并列举了康有为的一系列罪行，请光绪帝杀之以谢天下。北京还到处传说，"湖南欲杀谭复生"。街头巷尾谣传光绪皇帝"病重"。所有迹象表明，维新派的处境艰辛，形势危急。

地方督抚中，像刘坤一、张之洞等人都是久经官场，善于察言观色、见风使舵的人，眼见光绪帝与慈禧太后态度不一致，所以对无权的光绪帝发布的谕旨，采取敷衍拖延的办法，没有进行实质性的行动。

慈禧太后眼见光绪帝在变法的道路上越走越远，无法像以前那样控制了，决定加大对光绪帝的打击。她以讨论变法制度为名，召集世铎、荣禄、刚毅、王文韶、赵舒翘等著名的守旧官僚与光绪皇帝一起开会。

会上世铎首先对新政发难，说新法根本不能承袭，新法中开议院的制度，就是要用民众来压制君主，上下倒置，是万万不可推行的。荣禄、王文韶随声附和说，"富强之道，不过开矿、通商、练兵、制械，其他大经大法，自有祖宗遗制，岂容修改"。刚毅则把矛头直接对准光绪帝重用的康有为，说康有为想倾覆大清江山社稷，所有的新法都是他臆造出来的，用新法也就是用康有为，让一个叛徒来执政，自古以来从没有过。

光绪皇帝环顾左右，竟无一个维新人士，更没有自己的近臣，但他还是批判了刚毅的言论有失确当，认为一种法制到不能适应形势变化的时候就应当变革，历代名臣大儒，对这一道理论述得已经很详尽了，怎么能说都是康有为臆造的呢？况且本来弱小的日本就是通过变法而致富强的。但光绪帝很快又遭到了群臣的攻击，说他所看的书籍，都是康有为贡进的，都是康有为自己所写的妖言，古人从来没有这样的言论。此时慈禧太后冷冷地发话说，皇上岂止是阅读康有为贡进的书籍，还服了康有为贡进的天主教迷药，与他还有什么好说的。

这样，光绪皇帝不敢再讲话。他明显感受到自己处境危急，将被慈禧太后加害。于是在9月14日，他让杨锐带了一道密诏给康有为，说自己地位很快不保，让康有为、谭嗣同、杨锐、林旭、刘光第等加紧筹划，设法相救。由于杨锐的迟延，光绪帝一直未见回音，又在9月17日托林旭带密诏给康有为："朕今命汝督办官报，实有不得已之苦衷，非褚墨所能罄也。汝可迅速外出，不可延迟。"18日，林旭将杨锐和自己分别带来的密诏交给康有为。康有为马上召集梁启超、谭嗣同、康广仁等在南海会馆商讨对策。既无军队又无钱财的他们苦思无计，抱头痛哭。最后谭嗣同提出请袁世凯发兵包围颐和园，强迫慈禧让权。康有为则认为慈禧太后是光绪帝的"母后"，大清以"孝"道立国，这样做有悖伦理。向来和谭嗣同一样激进的林旭支持谭嗣同用武力解救光绪帝的办法，但认为袁世凯为人奸诈，两面三刀，恐怕不可靠，不如请驻扎在长辛店的董福祥率甘军进京。谭嗣同认为董福祥与维新人士素无来往，且被荣禄委派驻扎长辛店，必为荣禄的心腹，且从长辛店到京城，途经之地都是荣禄的军队，必然带来太多的不便，还是去请袁世凯为好。康有为、梁启超彷徨无计，只能听任谭嗣同孤注一掷。

夜访袁世凯

袁世凯原为淮军将领吴长庆的幕僚，后来拜状元出身的实业家张謇为师，曾做过总理通商事务大臣，长期驻节朝鲜。甲午战争后回国，开始在天津小站编练新军，成效显著，受到各界人士的关注。在编练新军的过程中，袁世凯通过破格提拔，将一批地位低下的军官拔上高位，使他们对自己感恩戴德，成为自己的死党。像段祺瑞、冯国璋、王士珍等将领都是袁世凯一手栽培起来的。通过他们，袁世凯牢牢控制了自己编练的七千名新军，以此作为政治资本开始了自己的政治投机。他同各方政治力量接触，将自己的触角伸到社会的方方面面，上至亲王贵族，下至一介书生，他都能搭上关系，交际手段极为高明。

维新运动兴起后，为了博取维新人士的好感，获取社会的知名度，袁世凯加入了强学会，表示赞成变法。康有为、梁启超和谭嗣同都对他很有好感并印象深刻。康有为更是称赞他思想开明、倾向维新，是一位难得的将才，堪比日本明治维新时的西乡隆盛、板垣退助。戊戌变法出现危机的时候，康有为、谭嗣同都感到有必要调动军队来支持变法，他们都不约而同地想到袁世凯。为了考察袁世凯，康有为让自己的弟子徐仁铸到小站去拜访他。徐仁铸从小站带回来的消息是，袁世凯衷心拥戴皇上，拥护变法，就算肝脑涂地也在所不辞，袁世凯还对康有为等人称颂有加。于是康有为、谭嗣同向光绪帝密奏起用袁世凯，以为对付慈禧太后的手段。光绪帝采纳康有为、谭嗣同的意见，于1898年9月16日召见了袁世凯，夸奖袁世凯忠心可嘉，封赏侍郎衔，专办练兵事宜。第二天，光绪帝再次召见袁世凯，授意袁世凯不必受制于荣禄，一旦京师有意外发生，即可带兵入京。

正因为有了前面的这些铺垫，危急之时谭嗣同才想到应该去请袁世凯出面。但谭嗣同根本没有想到的是，在维新派竭力拉拢袁世凯的时候，荣禄等人也一直在对袁世凯软硬兼施，威逼利诱，设法拉拢。袁世凯在光绪皇帝和慈禧太后这两股势力之间不断衡量，断定光绪帝的力量敌不过慈禧太后。他征求下属的意见，下属们一致认为，"光绪脆弱，廷臣将帅均为慈禧心腹，成败之数，可以预知。与其助光绪而致祸，莫若附慈禧而取功名"。下属的意见与自己的想法不谋而合，让袁世凯下定决心倒向慈禧一边。他私下谒见了刚毅、荣禄、王文韶等太后的亲信，表示自己绝不会站在皇上一边。但在公开场合，袁世凯不露半点风声，既看不出他与光绪帝为敌，也绝没有倒向太后一边的迹象。

1898年9月18日深夜，谭嗣同匆匆来到西郊法华寺袁世凯的住所，经过了一番寒暄之后，谭嗣同开门见山地问袁世凯："君谓皇上何如人也？"袁世凯非常得体地回答说："旷代之圣主也。"谭嗣同又问："天津阅兵之阴谋，君知之乎？"袁世凯说有所耳闻。谭嗣同随即向袁世凯出示了光绪帝的密诏，在袁世凯看过之后，对袁世凯说："今日可以救我圣主者，惟在足下，足下欲救则救之，苟不欲救，请至颐和园首仆而杀仆,可以得富贵也。"谭嗣同话没说完,袁世凯打断了他,严肃地说:"君以袁某为何如人哉?圣主乃我辈共事之主,仆与足下同受非常之遇,救护之责,非独足下,若有所教,仆固愿闻也。"

此后,谭嗣同告知袁世凯,日本首相伊藤博文近期要来天津参观袁世凯编练的新军,届时会举行阅兵。荣禄等密谋在天津的阅兵式上,靠他节制的董福祥、聂士成和袁世凯的军队,用武力强行废除光绪帝帝位。他希望袁世凯依靠自己最具实力的军队,保护光绪皇帝,恢复光绪帝的君权,清君侧、肃宫廷,建立不世之功业。

袁世凯见到谭嗣同衣襟凸起,似乎带着兵刃,知道谭嗣同不会空手而回,而且知道谭嗣同身负武功,非一般人可比。他老练沉稳而又满怀豪气地表示,阅兵之时只要皇上迅速进入自己的军营,发布剪除奸贼的号令,自己一定会紧随谭嗣同之后,竭尽死力来帮助皇帝。

谭嗣同对袁世凯的表态还不放心,进一步试探。他问袁世凯,荣禄一向待他不薄,该怎么对待他呢?

袁世凯极力表明自己与荣禄没有什么亲密的关系,更非同党,同时表示,只要皇上能够在自己的军营中,杀死荣禄就如同杀死一条狗,不会顾惜他,也不会有什么困难。

谭嗣同被袁世凯的表白所迷惑,完全相信了袁世凯。他还和袁世凯详细制订了营救光绪帝的具体办法，同时表达了自己变法的决心。他对袁世凯说，自古变法没有不流血而能成功的，一定要将那群阻挠变法的老朽除去，变法才有可能获得成功。谭嗣同在袁世凯的住所一直待到深夜三点钟才离开。他感到光绪帝有救了，变法又有希望了。他哪里知道祸事已在眼前。

我不下地狱谁下地狱

1898年9月21日凌晨，戊戌政变发生，慈禧太后将光绪皇帝囚禁在了中南海中那四面环水，只有一道石桥与岸上相连的瀛台。

关于这次政变的内幕，有很多的猜测和说法。首先就谭嗣同见过袁世凯之后，袁世凯就马上向荣禄告密的问题，目前很多书上都言之凿凿，但事实上到今天史学界也没有拿出可靠的证据，更多的是根据谭嗣同与袁世凯见面的时间和政变发生的时间的关系来推测的：18日深夜谭嗣同见袁世凯，19日袁世凯马上到天津向荣禄告密，20日荣禄赶到北京颐和园向慈禧太后汇报，20日晚慈禧从颐和园回宫，21日凌晨事变发生。根据这样的时间顺序和节奏非常容易推断出是袁世凯告的密。但这也仅仅是一种推测。至于慈禧太后与荣禄之间的密谋，政变的具体情形，这些难为外人所知的细节也被很多人描述得非常逼真和细致，这都有待分析与推断，不过所有这些和谭嗣同似乎没有关系，也不是研究谭嗣同时需要去考虑的。我们只知道9月21日，光绪帝被囚禁了。

就在政变发生的时候，谭嗣同正和梁启超在浏阳会馆策划如何借袁世凯之兵力来救光绪帝的问题。这时传来了清兵查抄南海会馆和康广仁被捕的消息。康有为在政变爆发前，已在光绪帝的示意下，离开北京，准备去上海办官报，当时滞留于天津。梁启超得到消息后，马上逃往日本使馆。谭嗣同与大刀王五取得联系，两人商议潜入瀛台救出光绪帝，但政变刚刚发生，慈禧、荣禄都非常小心，瀛台周围戒备森严，他们根本无法接近。眼见局势已无法挽回，大刀王五苦劝谭嗣同赶紧逃离北京，谭嗣同坚决拒绝，他将自己佩戴的"凤矩"宝剑赠予王五，与他依依惜别。9月22日，谭嗣同来到日本使馆会见梁启超，劝梁启超逃走。梁启超劝他和自己一起逃往日本，谭嗣同拒绝了。他说："不有行者，无以图将来，不有死者，无以召后起。"此时的谭嗣同已经抱定了必死的决心。第二天，他和梁启超一同去求见了英国传教士李提摩太，计划通过外交途径营救光绪帝。他们请求李提摩太去见英国公使，又托人去见美国公使，同时梁启超去见日本公使。但各国都以不同的借口委婉地拒绝了他们的请求。外交营救的计划落空。谭嗣同感觉自己能做的事情都已做完,虽无有成效,但已无能为力。他劝梁启超赶紧出逃,梁启超和日本公使林权助劝谭嗣同一起走,谭嗣同忧郁而又慷慨地说:"各国变法,无不从流血而成,今中国未闻有因变法而流血者,此国所以不昌也,有之,请自嗣同始。"一种为了国家未来的希望,一种用鲜血唤醒民众的决心,一种普度众生的夙愿,一种冲破网罗的精神,让谭嗣同充满了"我不下地狱谁下地狱"的豪情和悲壮。梁启超无奈,只好在日本公使的帮助下逃往日本。谭嗣同则回到自己的寓所,静待官差前来。

1898年9月25日,谭嗣同和杨锐、林旭几乎同时被捕,刘光第闻讯,自投入狱。此前被捕入狱的还有康广仁和杨深秀。他们被一同关押在刑部监牢。王五这位重江湖义气的朋友多次前来探监,上下打点,多次要救谭嗣同出狱,都被谭嗣同拒绝。狱中的谭嗣同神定气闲,时常捡起地上的煤屑在墙上写下诗作。与谭嗣同一起被关押的其他狱友,除康广仁最初有怨言并时时痛哭外,其他人也都从容无惧。

9月28日,心存疑惧害怕再生变故的慈禧等人没有经过对谭嗣同等人审讯的法定程序,就将谭嗣同、杨锐、林旭、刘光第、康广仁、杨深秀这后来被称为"戊戌六君子"的六人推到菜市口刑场处决。谭嗣同面对刽子手的屠刀,高声说道:"有心杀贼,无力回天,死得其所,快哉快哉!"说完,从容就戮,体现了自己看破生死、冲决网罗的自由精神,也实践了佛学中为普度众生"我不下地狱谁下地狱"的壮烈情怀。

附录

年　谱

清同治四年（1865）　在北京烂面胡同出生。

同治八年（1869）　同二哥一起师从毕莼斋先生读书。

同治十年（1871）　母亲徐五缘带大哥谭嗣贻回湖南完婚，谭嗣同第一次与母亲分别，思念成疾。

同治十一年（1872）　同二哥一起就读于北京宣武城南，师从韩荪农先生。

同治十三年（1874）　欧阳中鹄到北京，成为谭嗣同的老师。

光绪元年（1875）　其父谭继洵就任通州坐粮厅，随父到通州任所，时常往来于北京和通州之间。

光绪二年（1876）　结识通臂拳师胡七、大刀王五。北京发生白喉大瘟疫，二姐谭嗣淑、母亲徐五缘、大哥谭嗣贻先后感染去世。谭嗣同被感染，昏死三日后复苏，父亲为其取字"复生"。

光绪三年（1877）　随父回原籍修墓，与师从欧阳中鹄的唐才常定交。

光绪四年（1878） 随父到甘肃巩秦阶道任所。

光绪六年（1880） 寓住故乡浏阳，拜同乡涂启先先生为师。

光绪九年（1883） 在父亲的官邸憩园攻读《墨子》，逐渐形成任侠思想。与长沙李寿蓉之女李闰结婚。

光绪十年（1884） 参加科举考试落榜，入甘肃新疆巡抚刘锦棠幕府，开始了十年漫游。

光绪十五年（1889） 到北京参加科举考试，遇湖南名士刘人熙，开始师从刘人熙，攻读《船山遗书》；作《治言》。二哥谭嗣襄在台湾病逝。谭继洵升任湖北巡抚。

光绪十六年（1890） 随父亲到湖北巡抚任所，谒见张之洞。

光绪十九年（1893） 在上海结识傅兰雅，开始接触西学。在北京与四川达县人吴樵定交。

光绪二十年（1894） 甲午战争爆发，作《报贝元征书》。作《石菊影庐笔识》。

光绪二十一年（1895）《马关条约》签订，康有为等发起公车上书，创设强学会。谭嗣同从湖南赶赴北京，结识梁启超。结识吴雁舟、夏曾佑等佛学人士。回湖南与唐才常、欧阳中鹄等人筹办算学社。将二十四岁到三十岁之间的读书、思考札记汇集成《石菊影庐笔识》。

光绪二十二年（1896） 在上海参观傅兰雅的实验室，结交汪康年等。到天津参观洋务企业。在北京拜会翁同龢。到南京候补知府。跟随杨文会钻研佛学。开始著作《仁学》。

光绪二十三年（1897） 参与上海《时务报》工作，被推为董事。与杨文会等在南京创建测绘所。在上海倡议发起不缠足会。《任学》五十篇陆续写成。

光绪二十四年（1898） 辞去候补知府的官职离开南京回湖南。在湖南参与时务学堂的教学和管理。与唐才常等创设南学会，创办《湘报》。与唐才常、陈宝箴、黄遵宪等举办多种新政举措。奉诏到达北京，被封为军机章京，参与戊戌变法。慈禧太后发动戊戌政变，囚禁光绪帝，搜捕维新人士，谭嗣同被捕入狱。9月28日，于北京菜市口英勇就义。

主要著作

1.《治言》，收在《谭嗣同全集》，中华书局，1981年。

2.《石菊影庐笔识》，收在《谭嗣同全集》，中华书局，1981年。

3.《报贝元征书》，收在《谭嗣同全集》，中华书局，1981年。

4.《莽苍苍斋诗》，收在《谭嗣同全集》，中华书局，1981年。

5.《秋雨年华之馆丛胜书》，收在《谭嗣同全集》，中华书局，1981年。

6.《远遗堂集外文续编》，收在《谭嗣同全集》，中华书局，1981年。

7.《仁学》，中州古籍出版社，1998年。

参考书目

1. 杨延福:《谭嗣同年谱》,人民出版社,1957年。

2. 贾　维:《谭嗣同与晚清士人交往研究》,湖南大学出版社,2004年。

3. 丁平一:《谭嗣同与维新派师友》,湖南大学出版社,2004年。

4. 李喜所:《谭嗣同评传》,河南教育出版社,1986年。

5. 王建华:《谭嗣同传》,安徽人民出版社,1997年。

6. 徐义君:《谭嗣同思想研究》,湖南人民出版社,1981年。

7. 杨荣国:《谭嗣同哲学思想》,人民出版社,1957年。

8. 张　灏:《烈士精神与批判意识:谭嗣同思想的分析》,广西师范大学出版社,2004年。

9. 邓潭洲:《谭嗣同传论》,上海人民出版社,1981年。